# Die Axiome des Erfolgs

## Harry Kaiser

# Inhaltsverzeichnis

# Vorwort

Es gibt unzählige Bücher, die Ihnen erzählen wollen, wie man ein erfolgreiches Unternehmen aufbaut, und welche Voraussetzungen Sie dazu mitbringen müssen. Die fünf Axiome des Erfolgs sind aber kein Ratgeber, der Ihnen sagt, was Sie zu tun haben. Ich empfinde es nicht als meine Aufgabe, Sie darüber zu belehren, in welchen Branchen Sie tätig werden sollten oder welche Produkte Sie jetzt verkaufen sollten, noch ist es mein Ziel, Sie darüber aufzuklären, ob es sich heute noch lohnt in China zu produzieren.

Die fünf Axiome fassen stattdessen zusammen, was im Geschäftsleben nicht funktioniert und von welchen Illusionen man sich möglichst schnell verabschieden sollte. Diese Informationen sind aus meiner Sicht wertvoller, wenn Sie planen nicht nur für kurze Zeit, sondern auf längere Sicht erfolgreich zu sein und vor allem erfolgreich zu bleiben.

Die Axiome sind daher so formuliert, dass sie keine Widerrede dulden. Ein Axiom (aus dem Griechischen Axioma: als wahr angenommener Grundsatz) bezeichnet ein unmittelbar einleuchtendes Prinzip. Es bedarf aufgrund seiner Evidenz von daher keines Beweises.

Es sind grundlegende Prinzipien, die gerne übersehen werden, die aber so fundamental sind, dass sie, egal was Sie anstellen um erfolgreich zu sein, Ihren Erfolg torpedieren können, wenn Sie sie nicht beachten.

Die Newtonschen Gesetze (das Fundament der klassischen Mechanik) sind zum Beispiel Axiome. Sie sind wahr und gelten immer, egal was Sie von ihnen halten oder ob sie Ihnen gefallen. Einen Sturz vom vierzehnten Stock eines Hochhauses könnten Sie überleben. Es ist aber nicht sehr wahrscheinlich. Dieser Grundsatz der Physik gilt in Düsseldorf, in Philadelphia, in Bratislava und auf den Komoren. Also überall und immer.

Es ist mir durchaus bewusst, dass nicht allen Lesern gefallen wird, was die fünf Axiome ihnen zu sagen haben. Weil sie absolut formuliert sind, fordern sie jeden Leser in seinen Glaubenssätzen heraus. Die meisten Glaubenssätze sind nur ein Spiegelbild des konventionellen Wissens, das in unseren Schulen, Elternhäusern und an den Universitäten gelehrt wird. Unnötig zu sagen, dass Sie meist das Gegenteil von dem tun müssen, was diese angeblichen Autoritäten Ihnen über das Leben und die Geschäftswelt beigebracht haben, wenn Sie großen geschäftlichen Erfolg haben möchten. Wenn dieses Buch nicht in der Lage wäre, zumindest einen Ihrer Glaubenssätze in Frage zu stellen, was wäre es dann wert?

Jedes der fünf hier formulierten Axiome beruht auf einer langjährigen Erfahrung im Geschäftsleben. Der Leser kann sie wie den Rat eines guten Freundes betrachten. Wer etwas genauer hinschaut, sollte erkennen, dass die fünf Axiome zusammen ein einheitliches System bilden. Sie sind nicht nur einzeln zu betrachten. Jedes Axiom folgt logisch und konsequent aus dem Vorherigen. Wer sich daran hält, findet daher eine effiziente Methode, um als Unternehmer in den heutigen Märkten schnell und vor allem dauerhaft Erfolg zu haben.

Die Axiome sind darüber hinaus praktikable Grundsätze, die man erwägen sollte, *bevor* man ein Unternehmen gründet. Die meisten

Unternehmensratgeber wurden leider nicht von Praktikern geschrieben. Damit meine ich diejenigen, die tatsächlich eines oder mehrere Unternehmen gegründet haben und damit erfolgreich waren. Dieses Buch ist die Ausnahme. Ich selbst habe in meinen Unternehmerleben mehr als ein Dutzend Firmen gegründet. Ich bin auch verschiedene Partnerschaften mit anderen Unternehmern eingegangen. Um ehrlich zu sein, die meisten waren nicht erfolgreich. Warum? Sehen Sie sich die fünf Axiome an, dann kennen Sie die Gründe.

Erst als ich alle Komponenten meines Systems zusammen hatte (alle fünf Axiome) wurde ich ein erfolgreicher Unternehmer. Ich wünschte mir manchmal, jemand hätte mir dies alles am Anfang meiner Unternehmerkarriere gesagt. Aber ich hatte keinen Mentor. Ich musste meine

Erfahrungen ganz alleine machen. Wen wundert es, dass ich in den ersten Jahren nur gestolpert bin? Die meisten meiner Gründungen basierten schlichtweg auf falschen Annahmen über das Geschäftsleben. Oder besser gesagt, auf falschen Glaubenssätzen. Illusionen, um nicht zu sagen, Lügen.

Die fünf Axiome des Erfolgs bilden von daher nicht nur ein kohärentes Businesssystem, sie sind auch die Zusammenfassung einer glasklaren Unternehmensphilosophie. Vielleicht werden Sie sich fragen, warum Sie als Unternehmer eine Philosophie brauchen? Ganz einfach: wenn es mal nicht so gut geht, oder wenn Sie von ihrem Weg abgelenkt werden (was öfter passiert, als man vermuten könnte), werden Sie sich vielleicht an diese Philosophie erinnern. In diesen Augenblicken brauchen Sie eine praktikables, kristallklares Denksystem, das Sie in jeder dieser Situationen immer wieder daran erinnert, was zu tun ist und vor allem, was nicht zu tun ist. Genau das leisten die fünf Axiome.

Nach mehr als dreißig Jahren Unternehmertum bin ich zu dem Schluss gekommen, dass Erfolg mehr mit dem zu tun hat, was man unterlassen hat, als mit dem, was man getan hat. Sie werden zum Beispiel im Laufe Ihres Unternehmerlebens öfter Angebote bekommen. Leute werden Ihnen die Hand reichen, und man wird Ihnen Partnerschaften anbieten. Man wird Ihnen sogar Firmen anbieten, wenn die Welt es mitbekommt, dass hier jemand dynamisch unterwegs ist (ist mir mehrmals passiert). Es kann Ihnen auch durchaus passieren, dass man Ihnen Ihr Unternehmen abkaufen möchte (längst bevor es seinen Zenit erreicht hat, was der richtige Augenblick wäre, zu verkaufen).

Verführungen lauern um jede Ecke. Dies kann gerade für Anfänger im Geschäftsleben sehr verwirrend sein. Ich hoffe, dass ich Ihnen mit diesem Buch einige grundlegende Prinzipien mit auf den Weg geben kann, die Ihnen helfen werden, Ihr Schiff durch manchen Sturm im Ozean des Geschäftslebens zu steuern. Das Ziel dieses Buches ist es, Ihren Zug auf die richtige Schiene zu bringen. Wohin Ihr Zug fahren wird, das ist Ihre Entscheidung.

# Axiom 1: Du sollst der alleinige Inhaber deines Unternehmens sein

Ein Unternehmen von Grund auf aufzubauen und zu führen ist fraglos ein einsames Unterfangen. Egal, wie viel Rat Sie sich einholen und über wie viele Information Sie verfügen, Sie müssen jede Geschäftsentscheidung alleine treffen. Sie sind derjenige, der das Unternehmen vorantreibt. Niemand sonst.

Es ist von daher verständlich (und es ist vermutlich auch der Grund), dass viele Menschen nie in ihrem Leben ein Unternehmen gründen. Unbewusst spüren Sie die Forderung des ersten Axioms nur zu gut. Hier wird es richtig unbequem, denn „da draußen" weht ein kalter Wind. Es ist von daher verständlich, dass sie diesen Schritt nicht alleine machen wollen.

Viele Leute möchten die Last der Verantwortung teilen, am liebsten mit einem Partner. So sehr ich diesen Wunsch verstehe, so sehr möchte ich vor Partnerschaften im Geschäftsleben warnen. Wenn Sie anfangen, das Feuer und die Energie, die Sie in sich verspüren, mit jemandem zu teilen, werden Sie eine Menge Kompromisse machen müssen, die Ihnen nicht immer gefallen werden.

Auch wenn es wahr ist, dass eine Partnerschaft Synergien bilden kann - schließlich hat Ihr Partner hoffentlich Fähigkeiten, die Sie nicht haben und umgekehrt - so sehr ist es auch wahr, dass Sie selten oder nie einen Menschen finden werden, der die gleiche Energie hat oder über das gleiche

Feuer verfügt, wie Sie. Es ist möglich, aber es ist meiner Erfahrung nach äußerst selten.

Die Inhaberin eines kleinen Bistros im südspanischen Marbella erzählte mir neuerdings, sie hätte das Lokal vor zehn Jahren mit ihrer Schwester angefangen. Nach zwei Jahren hatte ihre Schwester „plötzlich" keine Lust mehr, und sie stand vor der Entscheidung, das Lokal alleine weiterzuführen, oder aufzugeben. Da aber das Lokal Ihre Lebensgrundlage war, und sie keine Alternative hatte, sah sie sich gezwungen alleine weiter zu machen. Ich war drei Monate lang in Spanien und besuchte das Lokal in dieser Zeit regelmäßig. Ich trank einen genüsslichen Café con Leche, den sie mir bereitstellte, sobald sie mich an der Promenade kommen sah, genoss die Sonne, oder las ein Buch. Manchmal unterhielt ich mich mit ihr. Als ich abends nach 22.00 Uhr in der milden spanischen Luft noch einen Abendspaziergang machte, sah ich, wie sie immer noch dabei war, alleine Cocktails für ihre Gäste zu mixen. Das waren zehn Stunden, nachdem ich mittags bei ihr war! Eigentlich wäre das die Zeit gewesen, in der ihre Schwester im Einsatz hätte sein sollen. Sie hatte aber keine Wahl, sie musste da stehen und arbeiten. Irgendwann hörte ich, dass sie an Krampfadern operiert worden war. Unnötig zu sagen, dass „ihr Business" in diesen Wochen geschlossen blieb und sie keine Einnahmen erzielen konnte. Die hohe Miete in Marbella musste sie in diesen Wochen trotzdem zahlen. So hatte sie sich das nicht vorgestellt, erzählte sie mir. Zu zweit hätten wir das sicher gut geschafft, aber es alleine machen zu müssen ist ein Knochenjob. Ich fragte mich natürlich, ob sie mit ihrem Bistro angefangen hätte, hätte sie gewusst, dass ihre Schwester gleich das Handtuch werfen würde.

Echte Unternehmer sind meist einsame Wölfe. Es sind Getriebene, die ziemlich genau wissen, was sie vom Leben wollen, und die bereit sind die Opfer zu bringen, um ihre Ziele zu erreichen. Ich sage es Ihnen gleich: Sie mögen diese Energie in sich verspüren, aber die Chance, dass sie jemanden finden, der über die gleiche Energie (dauerhaft) verfügt, ist gleich Null.

Warum das so ist? Es liegt in der Natur der Sache. Ein echtes Unternehmen zu gründen ist eine Tat. Und eine Tat ist meist das Werk eines einzelnen Menschen, Mann oder Frau. Das gilt im Übrigen für die meisten Bereiche des Lebens. Es gilt beim Gründen einer Religion. Und es gilt auch, wenn eine Frau ein Kind bekommt. Sie haben eben nur eine Mutter und nicht zwei, und die

Liebe zu ihrem Kind ist bedingungslos, eben weil sie allein und ungeteilt die Mutter ist. Es gibt eben nur einen Jesus und nicht zwei. Vielleicht erscheint Ihnen dieser Vergleich etwas übertrieben oder lächerlich, aber in etwa gleich fühlt es sich an, wenn Sie den Entschluss fassen, ein Unternehmer zu sein.

Sobald Sie anfangen, diese Energie mit einem Partner zu teilen, müssen Sie in Verhandlungen eintreten. Sie müssen anfangen zu argumentieren, weshalb Sie dieses oder jenes Produkt vertreiben wollen, oder weswegen Sie jene Marketingstrategie wählen würden und diese nicht. Sie werden anfangen, Ihr unternehmerisches Feuer auf Verhandeln und Taktieren zu verteilen. Mit anderen Worten: Sie werden Ihre Aufmerksamkeit nicht auf das lenken, was Sie eigentlich tun müssen: Handeln!

Unternehmen ist handeln, Entscheidungen treffen, manchmal sehr schnelle oder impulsive – richtig oder falsch. Als Unternehmer sind Sie ein Entscheider und ein von einem Feuer getriebener Handelnder.

Ergo, alles was Sie davon ablenkt, zu handeln und Ihr Feuer sofort in Taten umzusetzen, schwächt Ihre heilige Energie. Ich rede hier aus eigener Erfahrung. Es ist mir mehrmals passiert, dass ich im Glauben war, ich müsste mein Unternehmen mit jemandem teilen. Ich dachte, ich müsste Allianzen oder Partnerschaften eingehen um schneller zu wachsen. Als ich dann nach der nächsten Enttäuschung mit einem Partner die Fäden wieder komplett in den eigenen Händen hielt, war mir, als würde ich wieder dieses Feuer, diese unbändige Energie spüren, von der aus ich einst das Unternehmen gestartet hatte. Als wäre ich wieder auf Linie.

Wer das nicht selbst erlebt hat, kann dies womöglich schwer nachvollziehen, aber wir reden hier von dauerhaftem Erfolg im Geschäftsleben und nicht von halbherzigen Versuchen als Kleinselbständige seinen Lebensunterhalt zu bestreiten. Wir reden von massivem Erfolg und dafür braucht es eben Feuer unter dem Hintern.

Ich sage es Ihnen gleich: die allermeisten Menschen haben dieses Feuer nicht. Die Schwester der Bistro-Inhaberin in Marbella war ein gutes Beispiel dafür. Sie mögen zwar den Wunsch äußern, Inhaber eines Unternehmens zu sein, oder ein Geschäft aufzubauen, aber am liebsten wollen Sie dies im Team tun, sprich die Hauptverantwortung abgeben. Sie wollen also nicht 100 % geben, sondern allenfalls 50 %. Sehen

Sie ein, dass allein schon die Mathematik beweist, dass diese Menschen nicht alles geben werden?

Es ist heute zwar modisch oder modern von Teamgeist oder von Synergien oder Win-Win zu reden, die Fakten sprechen aber eine andere Sprache. Laut Untersuchungen scheitern mehr als 80 % der Businesspartnerschaften. Wenn man davon ausgeht, dass sowieso 90 % der Startups die ersten fünf Jahre nicht schaffen, muss Ihnen klar werden, dass das Eingehen einer Business-Partnerschaft, um ein Unternehmen zu gründen, ein hochriskantes Unterfangen ist.

Ich weiß zwar, dass es erfolgreiche Familienunternehmen gibt, vor allem im Mittelstand oder in der Gastronomie. Es passiert häufig, dass zum Beispiel zwei Brüder ein erfolgreiches Unternehmen aufbauen. Was man Ihnen aber nicht erzählt, ist der Preis, den diese

Geschwister zu zahlen haben. Zwistigkeiten oder gar Streit vor Gericht zwischen Familienmitgliedern sind nicht ungewöhnlich. Wenn Sie einmal einen solchen Fall erlebt haben, dann wissen Sie, was ich meine.

Wenn Sie mit Familien-Mitgliedern ein Unternehmen gründen, setzen Sie den Frieden in Ihrer Familie fahrlässig aufs Spiel. Sollte Ihr Unternehmen scheitern, ist doch das letzte, was Sie erleben wollen, dass Sie auch noch für den Rest Ihres Lebens im Streit mit Ihren Geschwistern, Eltern oder Cousins leben müssen. Ganz ehrlich, das ist es wirklich nicht wert. Selbst wenn ein Familienmitglied mit einer tollen Geschäftsidee daherkommen würde, würde ich trotzdem kein Geschäft oder Unternehmen mit meinem Bruder oder meiner Schwester beginnen wollen.

Es wird oft gesagt dass es schwerer ist, einen richtigen Geschäftspartner zu wählen, als den richtigen Lebenspartner oder die richtige Lebenspartnerin. Da ist wirklich etwas Wahres dran. Die Vorstellung, mit der eigenen Lebenspartnerin, oder – schlimmer noch - mit der eigenen Ehefrau ein Geschäft zu gründen - müsste im Grunde eine Horrorvorstellung für Sie sein. Wenn Sie wissen, dass mehr als 50 % der Ehen früher oder später geschieden werden, und mehr als 80 % der Unternehmen scheitern, dann sollten Sie mit ein wenig Mathematik begreifen, wie schlecht Ihre Chancen stehen, mit der eigenen Partnerin langfristig ein erfolgreiches Unternehmen zu führen und vor allem zu behalten. Das Wörtchen *behalten* sollte hier betont werden, denn wie viele ehemals erfolgreiche Geschäftsleute haben ihr

Unternehmen verloren, weil sie die eigene Partnerin mit ins Boot geholt hatten? Das Ende vom Lied kennt man. Irgendwann entscheidet ein Richterspruch über das Schicksal des Geschäfts, und das ist meistens nicht zum Vorteil des Gründers.

Die Ursachen für das Scheitern der meisten Businesspartnerschaften mögen unterschiedlich sein. Aber allein die Statistik sollte Sie sehr gründlich darüber nachdenken lassen, bevor sie diesen Schritt tun. Ehrlich gesagt, ich rate Ihnen definitiv davon ab. Ich selbst bin in meinem bisherigen Geschäftsleben (immerhin über 30 Jahre) verschiedene Partnerschaften mit den unterschiedlichsten Leuten eingegangen. Ich kann Ihnen aus heutiger Sicht sagen: keine einzige dieser Geschäftspartnerschaften hat gehalten. Keine einzige.

Sie mögen jetzt sagen, das liegt an mir, weil ich ein schwieriger Mensch bin. Das kann sein, aber ich weiß von vielen Geschäftsfreunden und vielen Gesprächen, die ich mit anderen Gründern und Geschäftsleuten über dieses Thema geführt habe, das es Ihnen ähnlich ergangen ist. Die meisten von ihnen haben die Erfahrung machen müssen, dass es einfach nicht funktioniert. In den allermeisten Fällen. Die Ausnahmen bestätigen natürlich die Regel.

Generell ist zu sagen, dass die Chancen für das Fortbestehen der Partnerschaft besser sind, solange die Geschäfte gut gehen und das Geld hereinströmt. Für Geld, oder für viel Geld, sind Leute gerne bereit Zwistigkeiten für eine Zeit zu ignorieren. Deswegen wird uns gerne in den Medien die Geschichte von den zwei Brüdern gezeigt, die Millionäre geworden sind und jetzt mit ihren beiden Familien in einem Renaissance-Schloss leben. Diese Geschichten gibt es.

Aber was Ihnen bei diesen Geschichten nicht erzählt wird, sind die vielen Abertausende, ja Millionen, von gescheiterten Versuchen von Businesspartnerschaften, die zu nichts oder gar zur Pleite der Partner geführt haben – oder, noch schlimmer, vor Gericht gelandet sind.

Ich erfinde das nicht. Sprechen Sie mal mit Ihrem Steuerberater über dieses Thema, wenn er eine Kanzlei hat, deren Kunden vor allem aus kleinen und mittelgroßen Unternehmen bestehen. Er wird Ihnen bestätigen, dass die meisten Businesspartnerschaften nicht länger als fünf Jahre halten.

Wenn man eine Geschäftspartnerschaft beginnt, dann fordert man das Ende vor Gericht geradezu heraus. Ich rate Ihnen also dringend davon ab, allein schon aus dem Grund, weil die meisten Partnerschaften informell sind. In den seltensten Fällen haben Sie genau schriftlich festgehalten, was die Aufgaben und Lasten sind, und wie die Risikoverteilung aller involvierten Partner exakt aussieht. Es erübrigt sich zu erwähnen, dass die Schwierigkeiten exponentiell steigen, je mehr Partner involviert sind.

Die Naivität, mit der manche Leute zum Beispiel ererbtes Geld in das gemeinsame Unternehmen, das sie mit einem Partner gründen, investieren, ohne zusammen mit einem Rechtsanwalt vorab genauestens festgelegt zu haben, wer wie viel in das Unternehmen eingebracht hat, ist kaum zu fassen. Bezüglich des Gründens von Unternehmen sind die allermeisten von uns blutige Anfänger.

Das Fehlen von klaren schriftlichen Abmachungen gilt nicht nur für eingezahltes oder eingebrachtes Kapital. Es gilt zum Beispiel auch für alle Kosten, die anfallen, um das Unternehmen zu führen. Ich selbst habe diesen Fehler mit einem Geschäftspartner gemacht. Wir hatten vorab nicht genau beschrieben, was wir genau meinen, wenn wir von „Kosten" reden. Irgendwann tauchte dann mein Geschäftspartner mit einer saftigen Rechnung auf, die ich laut seinem Verständnis zu zahlen hatte. Ich fiel aus allen Wolken, denn so hatten wir das nicht vereinbart - dachte ich. Der Geschäftspartner beharrte aber auf seinen Standpunkt, und das Ende vom Lied war, dass schließlich ein Richter am Amtsgericht zu entscheiden hatte, welche Kosten ich zu tragen hatte. Ich kann Ihnen versichern, dass es nicht zu meinem Vorteil ausging.

Wenn Sie einen Rechtsstreit verlieren, ist das eine Sache. Es kann jedem passieren, auch wenn Sie alles daran setzen, um diese Situation zu vermeiden. Der erste Schritt dahin ist: Geschäftspartnerschaften meiden wie die Pest. Nur, weil ich es am Anfang der Geschäftsbeziehung versäumt hatte, schriftlich genauestens darzulegen, wie die Kosten um das Unternehmen zu führen definiert werden sollten, geriet ich in einen Rechtsstreit, der über zwei Jahre lang dauerte und der schließlich dazu führte, dass ich eine mittlere fünfstellige Summe zu zahlen hatte, inklusive Gerichts und Anwaltskosten. Es gibt wahrhaft produktivere Beschäftigungen, um seine Zeit zu verbringen...

Leider ist dies das Schicksal vieler Geschäftsleute auf der ganzen Welt. Man glaubt, es wird schon gut gehen. Und irgendwann stellt man mit Erschütterung fest, dass der Partner, dem man vertraut hat, bestimmte Dinge ganz anders gesehen hat, als man selbst. Der Mann oder die Frau, mit dem oder der Sie vorhin noch freundschaftlich zusammen gesessen oder telefoniert haben, entpuppt sich plötzlich als Ihr hartnäckigster Gegner, und lässt Sie nächtelang nicht schlafen.

Es gibt viele Gründe, weshalb Geschäftspartnerschaften scheitern. Es muss nicht immer das Geld sein. Aber nach meiner Erfahrung ist in sehr vielen Fällen Geld im Streit involviert. Geld oder das fehlende Geld.

Eine Ursache von Streitigkeiten kann zum Beispiel auch die unterschiedliche Herkunft, oder die unterschiedliche Erwerbsbiographie der beiden Partner sein. Hüten Sie sich vor allem vor Leuten, die bisher nur in gesicherten finanziellen

Verhältnissen des Angestelltendaseins gelebt haben. Das sind die ersten Schafe, die in den Stall zurückrennen, sobald der Wind am Berg etwas zu heftig weht.

Nicht jeder ist unbedingt so getrieben und so motiviert, wie Sie es sind. Wenn Sie an einen Geschäftspartner geraten sind, der ein ganz anderes Lebensziel als Sie hat, dürfte es schwierig werden, auf längere Sicht miteinander erfolgreich zu arbeiten. Das zeigt sich oft auch daran, dass nur wenige Unternehmer bereit sind, mit einem Partner einen Vertrag abzuschließen, denn damit würden sie natürlich einklagbare Verpflichtungen eingehen.

Unterschiedliche Zielsetzungen, fehlendes Engagement des Geschäftspartners, oder auch schlicht persönliche Differenzen, können die Partnerschaft zerstören. Wenn Sie Ihren

Geschäftspartner am Anfang des Unternehmens nicht gut kennen, wird sich das im Laufe der Zeit ganz gewiss ändern. Und es wird Ihnen nicht immer gefallen was Sie sehen. Die Chemie, die am Anfang die Partnerschaft ideal erscheinen ließ, könnte sich bald in ein sehr übel schmeckendes Gemisch verwandeln.

Unterschätzen Sie auch nicht solche Dinge wie Neid oder Konkurrenzdenken. Am Ende ist im Grunde immer nur einer der wirkliche Gründer. Derjenige nämlich, der die Idee hatte, oder der den Impuls für das Unternehmen mitgebracht hat. Früher oder später kristallisiert sich dies heraus. Es mag Ausnahmen geben, wo Geschäftspartner sich ideal ergänzen, aber glauben Sie mir, das sind Ausnahmen. Die Chancen, dass Sie auf so jemanden treffen, sind wirklich klein.

Wie soll man es dann machen, wenn das Eingehen einer Partnerschaft so riskant ist? Ich bin der Überzeugung, dass Sie als Geschäftsgründer und alleiniger Eigentümer des Unternehmens die wichtigsten strategischen Entscheidungen ganz allein treffen sollten. Das klingt unbequem, aber glauben Sie mir, am Ende wissen Sie selbst am besten, was für Ihr Unternehmen gut ist, und was nicht. Darf ich da ein bisschen an Ihre angeborene Intuition appellieren? Wenn Sie lieber über den Bauch reden, bitte: folgen Sie Ihrem Bauchgefühl!

Sie können sich Rat einholen oder meinetwegen auf YouTube Filmchen von irgendwelchen Business-Gurus anschauen (meist eher unterhaltsam als hilfreich). Dennoch wünsche ich Ihnen, dass Sie so etwas in sich finden wie einen unternehmerischen Kompass. Ich bin der Überzeugung, dass jeder richtige

Unternehmer über diesen Kompass verfügt. Je mehr Sie zulassen, dass andere Leute sich in Ihre Geschäfte einmischen, desto weniger spüren Sie diesen Kompass. Denken Sie mal darüber nach.

Gewiss, es braucht viele Fähigkeiten, um ein Unternehmen erfolgreich zu führen. Sie müssen strategisch denken, Sie müssen einen langen Atem haben, Sie müssen durchhalten, wenn es mal nicht so gut geht oder wenn das Geschäft nicht in Gang kommt oder die Einnahmen ausbleiben. Sie müssen etwas von Marketing verstehen, Sie müssen etwas von Buchhaltung verstehen und last but not least sollten Sie auch noch ein besonderes und hochwertiges Produkt auf den Markt bringen. Es gibt also eine Menge spezielle Fähigkeiten, die Sie entweder selber haben oder einkaufen müssen, damit sie am Markt ein erfolgreiches Produkt verkaufen können.

Ich kann Ihnen aus eigener Erfahrung sagen, dass Sie, abgesehen von den typisch unternehmerischen Fähigkeiten, fast all diese Expertisen in irgendeiner Form einkaufen oder outsourcen können. Wenn Sie zum Beispiel nicht gut sind in Finanzen heißt das noch lange nicht, dass Sie Ihren Bruder ins Geschäft hereinholen sollten, weil er „etwas von Finanzen versteht." Es reicht, einen gewieften Buchhalter zu haben, oder einen Steuerberater, dem sie vertrauen können.

Ganz sicher gilt dies für die meisten anderen Aufgaben, die ein Unternehmen mit sich bringt, sei es im Bereich Werbung oder Marketing, Kundenakquise, oder Dinge wie E-Mail Marketing, Aufsetzen von Websites, Social Media Marketing (sollten Sie dies mögen, ich nicht), Produktbeschreibungen, um nur einige Dinge zu nennen. All diese Aufgaben können Sie outsourcen. Und zwar billig outsourcen. In ganz Asien, aber auch in Südamerika oder Osteuropa, stehen ganze Armeen von Freelancern bereit um diese Aufgaben für einige Dollars die Stunde für Sie zu erledigen. Sie finden dies vielleicht nicht ethisch. Aber was denken Sie, wenn ich Ihnen sage, dass ich mit einigen meiner Freelancern, die ich immer und immer wieder beschäftige, ganze Familien in Nigeria oder auf den Philippinen ernähre? Ist das verwerflich?

Ich sage Ihnen das nicht, weil ich davon gehört habe, oder weil ich über diese Möglichkeit in einem Buch gelesen habe. Ich sage Ihnen das, weil ich mein jetziges Unternehmen erfolgreich mit einem ganzen Team von unterschiedlichsten Freelancern aus der ganzen Welt führe. Mehr. Ich habe das Unternehmen zusammen mit diesen Menschen aufgebaut. Manche von ihnen machen einen fantastischen Job, oft für kleines Geld. Und sie sind mir dankbar, dass ich Ihnen diese Chance gegeben habe. Gewiss, nicht alle sind gut und man fällt gelegentlich mal auf irgendwelche Scharlatane herein, die nichts können oder nicht in der Lage sind, die simpelsten Aufgaben zu erledigen. Das passiert und es ist kein Beinbruch. Suchen Sie einfach jemand anderes, der es besser kann.

Machen Sie aber nicht den Fehler, wie ich ihn mal gemacht habe, einen wichtigen Bestandteil Ihres Unternehmens einem einzigen virtuellen Assistenten anzuvertrauen. Wenn überhaupt, sollten Sie dies erst nach einer langen Zeit der gemeinsamen Zusammenarbeit tun. Und auch dann sollten Sie es sich reiflich überlegen. Wollen Sie - wie ich es mal getan habe - die Verantwortung für einen wichtigen Teil Ihrer

Produktionslinie irgendeiner Russin von 22 Jahren aus Sankt Petersburg anvertrauen, die Sie noch nie im Leben gesehen haben?

Ich kann es nicht genug betonen. Hier lauert um die Ecke der gleiche Fehler wie bei den oben beschriebenen Geschäftspartnerschaften, die so manche Ihrer Probleme lösen sollten. Ich kann Ihnen sagen, es wird nicht geschehen. Sie werden mehr Zeit damit verbringen, die Arbeit Ihres virtuellen Assistenten auf Fehler und Qualität zu überprüfen, als dass diese Outsourcing-Maßnahme Ihnen wirklich den Rücken freihält für andere wichtige oder strategische Aufgaben.

Vielmehr empfehle ich Ihnen, spezifische Tasks oder Aufgaben von einzelnen virtuellen Assistenten machen zu lassen. Soll ein Inder Ihre Produktbeschreibungen schreiben. Soll eine Philippinin die Vorbereitungen für die

Buchhaltung machen. Soll ein Kroate sich um Ihr E-Mail-Marketing kümmern, und so weiter.

Machen Sie nicht den Fehler, den Einblick in die Gesamtstruktur Ihres Unternehmens einem einzigen Menschen aus Südostasien zu geben. Erstens geht es ihn gar nichts an. Zweitens wäre er mit der Aufgabe restlos überfordert. Drittens riskieren Sie, dass er Ihre Unternehmensstruktur studiert und schließlich kopiert. Dann hätten Sie sich Ihren Konkurrenten direkt ins Haus geholt. Das ist nun wirklich das letzte, was Sie erleben wollen.

Es ist aber durchaus möglich, mit einem kleinen Team von fünf, zehn oder zwanzig Freelancern ein international agierendes Unternehmen aus dem Boden zu stampfen. Ich habe es selber gemacht, und ich kann Ihnen sagen, dass ich jedem einzelnen dieser Freelancern ohne

Wenn und Aber dafür dankbar bin. Suchen Sie also jemanden, der bestimmte Aufgaben in der Buchhaltung übernimmt, jemanden der sich um ihre Website kümmert, jemanden, der mit Ihren Kunden kommuniziert, oder jemanden, der sich um bestimmte Aspekte ihres Produktes kümmert.

Es ist viel schlauer, all diese kleinen, aber zeitraubenden, Aufgaben (die Bausteine Ihres Business) einer Gruppe von virtuellen Assistenten anzuvertrauen, als alles selber machen zu wollen. Wenn Sie alles selber machen, dann haben Sie kein Unternehmen. Sie sind ein Kleinselbstständiger, der eben alles selber macht, und der sich wie die Frau im Bistro in Marbella kaputt arbeitet.

Das Modell mit den virtuellen Assistenten funktioniert natürlich nur für bestimmte Formen von Unternehmen (vor allem für Internet-

Businesses natürlich). Es ist mir bewusst, dass es Geschäfte gibt, wo Sie sehr wohl auf Personal, das sie anheuern müssen, angewiesen sind. Das Entscheidende ist aber, dass egal was Sie tun müssen um Ihr Unternehmen aufzubauen, Sie letztlich alle Fäden in Ihrer Hand behalten.

Sie sind der alleinige Besitzer und Eigentümer Ihres Unternehmens. Lassen Sie niemanden herein. Sie mögen andere Menschen für bestimmte Aufgaben anheuern oder beschäftigen, letztlich sollten Sie aber der einzige sein, der den Gesamtüberblick über Ihre Unternehmensstruktur behält. Wenn es schief geht, können Sie dann eben niemandem die Schuld geben. Wenn es aber gut geht, und Ihr Unternehmen hat Erfolg, dann steht Ihnen auch 100 % des Ertrages zu. Sie müssen es mit niemandem teilen. Sie haben dafür gearbeitet, und es ist Ihr vollstes Recht, dass Sie und nur Sie den ganzen Schatz bergen.

# Axiom 2: Du sollst ganz vorne in der Nahrungskette stehen

Vor Jahren, als ich noch ein Anfänger im Geschäftsleben war, bin ich mehreren Network Marketing Unternehmen beigetreten. Ich weiß, dass viele Menschen Vorbehalte gegen Network Marketing Geschäftsmodelle haben. Ich kann diese Vorbehalte nur zu gut verstehen. Irgendeiner meiner Kritiker sagte mir sogar, es sei Menschenhandel, was ich da betreibe. Drastischer hätte wohl kaum jemand die Szene verurteilen können.

Mein Problem mit Network Marketing ist aber ein ganz anderes, als das was die meisten Kritiker dieses Geschäftskonzeptes zu sagen haben. Wenn Sie den Starterkit eines Network Marketing

Unternehmens gekauft haben, werden Sie vermutlich bald zu einem der vielen Meetings eingeladen werden, die diese Unternehmen veranstalten. Diese Meetings, bei denen sich mitunter Hunderte von sogenannten Vertriebskräften versammeln, sind hauptsächlich dafür da, Sie zu motivieren, weiterzumachen. Manchmal wird auch ein neues Produkt oder eine neue Produktreihe vorgestellt, schließlich will man die Neugierde der Vertriebspartner am Leben halten.

Die Höhepunkte dieser Versammlungen sind die Reden, die von einigen wenigen erfolgreichen oder sehr erfolgreichen Vertriebspartnern im Unternehmen gehalten werden. In diesen Reden geht es darum, dass der Champion, der auf der Bühne steht, sich zunächst ganz bescheiden gibt und Ihnen das Gefühl vermittelt, dass auch Sie eines Tages da vorne auf der Bühne stehen könnten und den versammelten Vertriebspartnern des Unternehmens Ihre Story erzählen werden.

Die Story des Champions selbst geht meistens so: er wird erzählen, wie er genauso wie Sie als frischgebackener Vertriebspartner angefangen hat. Nachdem auch er den Starterkit gekauft hatte sei er sofort losgezogen, hätte aber am Anfang massive Schwierigkeiten gehabt auch nur einen einzigen Vertriebspartner zu finden, der bereit gewesen wäre, sich seiner Organisation anzuschließen. Er wird Ihnen ferner erzählen, dass er nahe dran war die ganze Sache mitsamt Starterkit in den Mülleimer zu befördern, nachdem sich in den ersten Monaten fast niemand seiner Downline (so heißt die Vertriebsstruktur) angeschlossen hatte.

Als er dann gelangweilt und mit fast verzweifelter Miene die Idee oder das Konzept des Network Marketing Unternehmens einem Bekannten erzählt hatte, fing dieser plötzlich Feuer und Flamme und bettelte ihn förmlich an, ihm umgehend einen Mitarbeitervertrag zu geben, damit er sofort losrennen konnte. Diese Person wurde dann schließlich zu einem seiner wichtigsten Mitarbeiter in seiner Organisation und war dafür verantwortlich, dass er eine gigantische Downline aufbauen konnte. Ihr ist es schließlich zu verdanken, dass der Champion sich erneut motivieren konnte und den Mut gefasst hat, die ganze Sache mit dem Network Marketing noch mal zu überdenken und dem Unternehmen noch mal eine Chance zu geben.

Sie werden dann erleben, dass dieser Mitarbeiter, meist eine Frau, von der gerade die

Rede war, dann von dem Champion auf die Bühne gerufen wird. Die Sache ist meistens so inszeniert, dass diese Frau scheinbar zunächst nicht aufzufinden ist. Natürlich befindet sie sich nicht ganz vorne im Saal, als würde sie auf ihren Auftritt warten. Das Ganze läuft so ab, so als erführe sie gerade, dass sie höchstpersönlich auf die Bühne gerufen wird, weswegen man sie von ganz hinten im Saal nach vorne holen muss. Die Choreografie des Meetings sorgt dann dafür, das in dem Augenblick die passende Musik eingespielt wird, damit die Masse im Saal im Takt der Musik mitklatscht, während die energische Frau mit kräftigen Schritten in Richtung Bühne marschiert.

Und nun wird auch sie ihre Geschichte erzählen, die sich, weil sie eine Mutter von vier Kindern ist, vielleicht oder womöglich gerade deshalb noch einfacher oder menschlicher anhört, als die Story des Champions. Die Idee ist natürlich, dass schließlich jede sich im Saal befindende Hausfrau das Gefühl bekommt: wenn die das kann, dann kann ich es auch! Auch ich werde eines Tages ganz vorne auf der Bühne stehen und der versammelten Vertriebspartnerschaft meine Story erzählen.

Solche Veranstaltungen übten tatsächlich auch auf mich eine anspornende Wirkung aus. Man wird förmlich mitgerissen und glaubt wirklich, dass wenn diese einfachen Leute da vorne stehen und davon erzählen „wie sie es geschafft haben", die ganze Sache doch wohl machbar sein muss und dass man es dann wohl erst recht selbst schaffen müsste.

Ich hatte mit Network Marketing auch ein wenig Erfolg und habe es tatsächlich geschafft, im Laufe von einigen Monaten eine kleine

Organisation an Vertriebspartnern aufzubauen, die mir dann im Endeffekt einige Hundert DM passives Einkommen ermöglicht haben (damals gab es noch echtes Geld!).

Man sollte solche kleineren Erfolge nicht gering schätzen. Es ist tatsächlich möglich, mit Network Marketing Geld zu verdienen, ja sogar reich zu werden. Ich sage es ist möglich. Es ist nur nicht sehr wahrscheinlich.

In der Regel werden neue Network Marketing Unternehmen einfach so gestartet, dass die Gründer dafür sorgen, dass sie einen Champion (oder zwei) eines anderen Network Marketing Unternehmens anheuern. Sie geben diesem Champion einen privilegierten Platz in der Gesamtorganisation. Darüber hinaus sichern sie ihm zu, die Vertriebspartner der ersten Stunde in Ihrer Organisation unterzubringen, damit er genügend motiviert ist, weiterzumachen. Auf diese Weise werden diese wenigen Personen gehypt, und die neu dazukommenden Vertriebspartner der zweiten Stunde bekommen das Gefühl, dass hier gerade etwas ganz Großes beginnt.

Mein Problem mit dieser Geschäftsform ist nicht so sehr die Vertriebsstruktur an sich, die ja hauptsächlich darin besteht, dass man immer wieder neue Vertriebspartner findet. Mir scheint Multilevel Marketing eine legitime Geschäftsform zu sein. Das Problem ist aber, dass Sie wenn Sie der Organisation beitreten eine Struktur vorfinden, die bereits aus hunderten ja mitunter tausenden oder gar zehntausenden Vertriebspartnern besteht. Sie alle warten darauf, dass Sie als nächster in der Reihe in der Nahrungskette dazukommen. Denn eines ist klar: Sie verdienen in

Network Marketing nur dann Geld, wenn es Ihnen gelingt, immer wieder neue Vertriebspartner zu rekrutieren, die sich ihrer Struktur anschließen. Jeder Vertriebspartner kauft auf regelmäßiger Basis die Produkte des Unternehmens (oder muss sie kaufen). Ihr prozentualer Anteil an deren Umsatz ist es, der Ihnen das erhoffte passive Einkommen ermöglichen wird.

Es steht aber außer Frage, dass das Einkommen der Vertriebspartner exponentiell zu steigen beginnt, je mehr Sie in der Hierarchie der Struktur nach oben blicken. Es ist also genauso, wie bei den großen Konzernen auch. Deswegen halte ich eine Karriere bei einem der großen Konzerne für nichts anderes als eine Art verkapptes Network Marketing Business.

Treten Sie aber als neuer Vertriebspartner erst nach drei oder vier Jahren der Organisation bei, und fangen Sie dann erst an, ihre Struktur aufzubauen, stehen Sie im Grunde ganz am Ende der Nahrungskette. Man wird Ihnen natürlich sagen, dass auch Sie die Chance haben, eine voll ausgewachsene Struktur aufzubauen, und theoretisch stimmt das natürlich auch so.

Die Statistiken über Vertriebspartner im Network Marketing Unternehmen sprechen aber eine ganz andere Sprache. Untersuchungen haben gezeigt, dass nur die allerwenigsten wirklich das ganz große Geld verdienen und die Masse drauf zahlt. Es ist wie überall. Die wenigen Champions, die ganz vorne auf der Bühne stehen, verdienen das Geld. Diejenigen, die unten mit der Masse auf der von den Veranstaltern geschickten Orchestrierung und Inszenierung klatschen, werden benötigt damit die Champions vorne immer weiter Geld verdienen können. Wollen Sie zu dieser Gruppe von Klatschern gehören?

Gewiss, wenn Sie ein Anfänger im Geschäftsleben sind, können Sie in einem Network Marketing Unternehmen ein wenig Erfahrung sammeln, vor allem über die Art wie Produkte platziert werden und wie sie vermarktet werden. Das ist sicher wertvoll. Und hier scheint mir auch der eigentliche Wert eines Network Marketing Unternehmens zu liegen: die Möglichkeit für einen Anfänger im Geschäftsleben Erfahrung zu sammeln. So war es bei mir und so wird es auch bei den meisten sein.

Die wenigsten werden aber reich oder verdienen Geld. Außerdem implodieren die meisten Strukturen nach wenigen Jahren aus dem einfachen Grund weil die Leute in der Organisation schlicht zu wenig verdienen im

Verhältnis zum Aufwand, der nötig ist, eine solche Organisation aufzubauen.

Nun ist die Hürde um einem Network Marketing Unternehmen beizutreten denkbar klein. In der Regel kostet ein Starterkit nicht mehr als 100 oder 200 Euro. Sie unterschreiben den Vertriebspartner-Vertrag und schon sind Sie im Geschäft. Es ist also sehr leicht. Deswegen machen es auch so viele Menschen. Sie können als angehender Geschäftsmann oder angehende Geschäftsfrau diesen Weg wählen. Sie brauchen in dem Fall gar kein Unternehmen mehr zu gründen. Die gesamte Vertriebsstruktur steht bereits, die Produktlinie ist da, Sie können die Marketinginstrumente der Firma einfach übernehmen, sobald Sie Vertriebspartner sind.

Sie machen nur leider einen entscheidenden Fehler: statt am Anfang der Nahrungskette, stehen Sie ganz am Ende. Und dies verstößt gegen das zweite Axiom des Erfolgs, das besagt: <u>Du sollst ganz vorne in der Nahrungskette stehen</u>. Diejenigen, die im Network Marketing ganz vorne stehen sind natürlich die Gründer selbst und allenfalls die Vertriebspartner „der ersten Stunde."

Alle anderen arbeiten dieser kleinen Gruppe zu. Mitunter tausende. Anders gesagt, egal was man zu Ihnen sagt, es stimmt nicht, dass Sie auf diese Weise Ihr eigenes Unternehmen gründen. Eine größere Lüge kann es nicht geben. Sie kontrollieren hier nichts. Erstens gehört Ihnen das Unternehmen nicht, zweitens können die Geschäftsinhaber zu jeder Zeit das Network Marketing Unternehmen auflösen (passiert häufig). Oder sie können die Produktlinie, mit der Sie vielleicht erfolgreich sind, von heute auf morgen aus dem Sortiment nehmen. Sie haben als Vertriebspartner keinerlei Einfluss darauf, und sind auf Gedeih und Verderb der Gnade der Geschäftsinhaber ausgesetzt. Nicht gerade die beste Voraussetzung für ein erfolgreiches Business.

Eine deutlich höhere Hürde um am Geschäftsleben teilzunehmen ist es, wenn Sie sich zum Beispiel die Lizenz für den Vertrieb von Produkten eines Markenunternehmens holen. Wenn Sie zum Beispiel Fan der Marke Apple sind, könnten Sie auf die Idee kommen, die Lizenz für den Vertrieb von Apple-Produkten zu erwerben. Vorteil eines solchen Geschäftes ist natürlich, dass, im Gegensatz zu den Produkten eines No-Names oder eines Network Marketing Unternehmens, Sie es hier mit einer renommierten Marke zu tun haben. Sie können daher davon ausgehen, dass Sie Kunden in ihrem Laden bekommen werden.

Ein anderes Beispiel ist, wenn Sie auf die Idee kämen, Inhaber einer McDonald's-Filiale zu werden. Man sagt Inhaber einer McDonald's Filiale zu sein ist einer der sichersten Wege, Millionär zu werden. Ich bin der Letzte, der dieses Statement kritisieren will. Sie können von McDonald's halten, was Sie wollen, diese Kette zieht immer und immer wieder Millionen Kunden an. Voraussetzung ist, dass die Lage einigermaßen gut gewählt ist, damit der Umsatz stimmt. Aber dafür sorgt das Management von McDonalds schon. Nicht zuletzt tut es alles daran, dass auch in Ihrer Filiale alles akribisch genau geplant ist und genauso abläuft wie in allen anderen Filialen weltweit auch. Das ist ein nicht geringer Vorteil.

Wenn auch die Einstiegshürden bei solchen Franchise-Unternehmen oder bei Lizenznehmern bedeutend höher sind, als beim Einstieg in einem Strukturvertrieb wie Network Marketing, so ist doch zu sagen, dass Sie auch als Inhaber einer McDonald's Filiale oder als Lizenznehmer einer bekannten Marke immer noch nicht ganz vorne in der Nahrungskette stehen. Anders gesagt: Sie verfügen nicht über die volle Kontrolle über Ihr Unternehmen. Ihnen kann wegen eines einzelnen Fehlers die Lizenz jederzeit entzogen werden. Das Mutterunternehmen könnte ihre Geschäftspolitik jederzeit ändern, was sich nachteilig auf Ihre Filiale auswirkt. Es könnte gar auf die Idee kommen, Ihre Filiale zu schließen, weil sie aus Sicht des Konzerns zu wenig einträglich ist. Es ist Ihnen wohl hoffentlich klar, dass dies ein hohes Risiko ist.

Tatsächlich meldete McDonald's für das Jahr 2015 die Schließung von 350 unterdurchschnittlichen Filialen in den USA, Japan und China. Sie als Inhaber einer McDonald's Filiale sehen die Welt vielleicht von Ihrem Standort aus. Sie haben womöglich den Überblick über Einnahmen und Ausgaben Ihrer Filiale. Selbst wenn sie aus Ihrer Sicht profitabel arbeitet, so zeigt die Mitteilung von Mac Donalds aus 2015 anschaulich, dass dies aus Sicht des Mutterkonzerns ganz anders betrachtet werden kann.

Es ist gewaltiger Unterschied, ob Sie selbst im Fahrersitz sitzen, oder neben dem Fahrer. Wer im Fahrersitz sitzt, hat im Verkehr immer die Übersicht und hat die volle Kontrolle über das Geschehen. Er sitzt an allen wichtigen Hebeln und er kann zu jeder Zeit entscheiden, wohin die Reise geht.

Deswegen fordert das zweite Axiom einer erfolgreichen Geschäftsgründung, dass Sie und nur Sie allein ganz vorne in der Nahrungskette stehen sollen. Alle anderen sollten Ihnen untergeordnet sein. So verlockend manche Geschäftsmodelle auch sein mögen, entscheidend ist, dass Sie immer und zu jeder Zeit die volle Kontrolle über Ihr Unternehmen behalten. Nicht ein anderer sondern Sie entscheiden, ob eine Filiale Ihres Unternehmens geschlossen oder weitergeführt wird. Das sind strategische Entscheidungen, die nur Sie etwas angehen.

Egal was sie vorhaben. Es gehört zu den wichtigsten Grundsätzen bei jeder Geschäftsentscheidung: stehe ich hier ganz vorne in der Nahrungskette oder bin ich der Hebel von jemand anderem? Denn es steht außer Zweifel fest, dass derjenige, der ganz vorne steht, auch derjenige ist, der am meisten verdienen wird. Ja, in vielen Fällen wird er überproportional mehr verdienen als diejenigen die lediglich an zweiter oder dritter Stelle oder noch viel weiter unten in der Hierarchie stehen.

Das ist auch der Grund, weshalb ich den sogenannten Karriereweg in einem internationalen Konzern als hochriskant einstufe. Selbstverständlich können Sie sich hocharbeiten und irgendwann in einer hohen Einkommensklasse landen. Es sollte aber klar sein, dass Ihnen jederzeit gekündigt werden kann, weil sie nicht die volle Kontrolle über das Unternehmen haben. Dieses Risiko wird von vielen sogenannten Führungskräften glatt übersehen. Man vergisst (oder verdrängt), dass man die besten Jahre seines Arbeitslebens einer fremden Macht dient. Manche müssen nach 25 oder 30 Jahren feststellen, dass sie ihr Leben damit verbracht haben, einen anderen reich zu machen, und am Ende leer ausgehen. Ihnen gehörte das Unternehmen nicht.

Deswegen folgt Axiom zwei direkt aus Axiom eins. Es ist von entscheidender Bedeutung, wenn Sie wirklich extrem erfolgreich werden wollen, dass Ihnen sowohl das Unternehmen gehört - und zwar allein gehört - und dass Sie infolgedessen ganz vorne in der Nahrungskette stehen. So haben Sie zumindest die Chance, dass Sie eines Tages wirklich die Früchte Ihrer Arbeit ernten können, ganz abgesehen von der Befriedigung, die eine solche Stellung mit sich bringt. Sie sind ihr eigener Herr und müssen niemandem gehorchen. Sie können tun und lassen was Sie wollen und Sie müssen es sich auch nicht gefallen lassen, dass jemand in Ihre Geschäfte hereinredet. Sie haben es ganz in Ihrer eigenen Hand was aus Ihrem Unternehmen wird. Und glauben Sie mir, dies ist wirklich ein entscheidender Vorteil, um nicht zu sagen, der entscheidende Vorteil.

Die meisten Millionäre sind deswegen Millionäre geworden, weil sie eines Tages ihr eigenes Unternehmen gegründet haben. Sie sind nicht Millionäre geworden, weil sie sich einem Network Marketing Unternehmen angeschlossen haben oder sonst irgendeinem Vertrieb oder System das nicht ihnen gehörte. Sie waren nicht Lizenznehmer sondern Lizenzgeber. Millionäre treten keine Network Marketing Unternehmen bei, sie gründen ein Network Marketing Unternehmen. Millionäre erwerben keine Lizenzen oder Franchisen, sie erteilen Lizenzen oder Franchisen.

Das ist der entscheidende Unterschied. Wenn Sie das einmal verstanden haben, haben sie meiner Meinung nach den ersten und wichtigsten Schritt zu Ihrem eigenen Erfolg gemacht. Gründen sie ihr eigenes Unternehmen, und sorgen Sie dafür, dass am Ende des Tages Sie mit der Kasse nach Hause gehen und sonst niemand. Sie mögen Mitarbeiter haben, oder, so wie ich, ein ganzes Team haben. Sie können mehrere Filialen gründen oder meinetwegen sogar ein Franchise-System aus dem Boden stampfen. Das alles können Sie als Unternehmer tun. Sorgen Sie aber immer dafür, dass Sie und nur Sie die volle Kontrolle über das Unternehmen behalten.

# Axiom 3: Du sollst ein skalierbares Business aufbauen

Weder die Erziehung im Elternhaus (bis auf sehr wenige Ausnahmen), noch unsere Schulbildung und auch kein Hochschulstudium oder Universitätsabschluss bereiten Sie darauf vor, ein echtes Business aufzubauen.

Ganz im Gegenteil. Unser ganzes Bildungssystem und ergo die ganze Gesellschaft ist darauf ausgerichtet, dass Sie Ihr Leben und Ihre Arbeit in einem nicht-skalierbaren, einem linearen Universum verbringen.

Das lineare Universum funktioniert nach dem Prinzip der Karotte. Wer arbeitet und etwas leistet, wird entsprechend belohnt, und zwar sofort. Man merke: die Betonung liegt hier auf dem Wörtchen

„entsprechend". Viel Arbeit bedeutet eben viel Lohn (und Ehr). Wenig Arbeit eben wenig oder fast nichts.

Es ist die Welt, in der die meisten angestellten Lohnbezieher zuhause sind. Das Geld (die Karotte) ist spätestens nach einem Monat auf dem Konto. Ein solches Prinzip verschafft natürlich ein Gefühl von Sicherheit und Stabilität. Wenn du weißt, dass du die Karotte bekommst, wenn du die erforderliche Arbeit erbracht hast, wirst du dir einen Teufel tun, mit der Arbeit aufzuhören. Also hältst du durch.

Ich bin der Überzeugung, dass das lineare Universum für die meisten Menschen nach wie vor richtig und gut ist. Die meisten Menschen brauchen die Karotte. Dagegen ist nichts einzuwenden. Ehrliche Arbeit soll gerecht und entsprechend belohnt werden.

Unruhigere Naturen, die deutlich mehr vom Leben wollen, fühlen sich dagegen intuitiv vom geometrischen Universum angezogen. Das sind Business-Modelle, die ein exponentielles Wachstum möglich machen. Hier gibt es keine Grenzen nach oben. Die meisten Menschen haben aufgrund Ihrer Herkunft nur einen sehr theoretischen Begriff von den Gesetzen und Spielregeln, die in einem geometrischen Universum herrschen. Woher sollten sie dieses Verständnis auch haben? Sie sind mit einem linearen Verständnis von Erfolg aufgewachsen. Gutes Geld für gute Arbeit, heißt es da.

Wenn wir das geometrische oder das exponentielle Wachstum eines skalierbaren Unternehmens begreifen wollen, sollten wir zunächst einen Blick werfen auf das, was kein geometrisches Wachstum in sich trägt. Also auf diejenige Tätigkeiten, die nicht das Potenzial haben, Sie eines Tages aus dem sogenannten „Hamsterrad" zu führen. Ich möchte dies tun, indem ich Ihnen die Geschichte von meinem verstorbenen Onkel Theo erzähle, der Frisörmeister war.

Ich habe Onkel Theo geliebt, denn ich durfte als kleiner Junge Stunden in seinem Salon verbringen, während er die Haare seiner Kunden schnitt. In dem Salon gab es nämlich ganze Stapel meiner Lieblingscomics. Ich mochte den frischen Geruch vom Kölnischwasser, das er seinen Kunden verabreichte. Ich saß in einer Ecke, während er die Haaren der Herren schnitt und die Dauerwelle der Damen legte.

Onkel Theo öffnete jeden Morgen um halb neun die Tür seines Salons, schnappte sich einen Besen und fegte erstmal alle Haare vom Vortag zusammen, die sich über Nacht trotz gründlichem Fegen am Abend davor noch im Salon verirrt hatten.

Dieses Ritual wiederholte er fünfundvierzig Jahre lang ohne auch nur einen Tag gefehlt zu haben. Er war immer da, und seine Kunden liebten ihn dafür. Onkel Theo ist also ein gutes Beispiel für den Fleiß und die Konsistenz, mit denen jemand einen einmal gewählten Beruf bis zur Pensionierung (damals noch mit fünfundsechzig!) ausgeübt hat.

Da er gut war und immer mehr Kunden bekam, hatte er nach einiger Zeit eine und dann später zwei Frisörinnen angestellt, die ihm die Arbeit zwar nicht erleichtert, aber ihm immerhin ermöglicht haben, den Kundenansturm zu bewältigen.

Finanziell geholfen hat ihm das aber trotzdem nicht. Denn nach Abzug der Sozialabgaben für seine zwei Angestellten und der Steuer blieb ihm unterm Strich fast das Gleiche, als wäre er allein geblieben. Aber immerhin hat er auf diese Weise zwei Menschen in Lohn und Brot geholfen, für die er natürlich eine große Verantwortung verspürte.

Er hat somit immer dafür gesorgt, dass die Qualität seiner Dienstleistung stimmte. Er war sein eigener Herr und sein Salon gehörte nur ihm allein. Onkel Theo erfüllte also die Forderungen des ersten und zweiten Axioms.

Er gehörte zu der Gesellschaftsschicht, die man „untere Mittelschicht" nennt und konnte als so durchaus als Stütze der Gesellschaft betrachtet werden. Er hat Zeit seines Lebens die liberale Partei unseres Landes gewählt. Onkel Theo war in unserer Familie für seine „liberalen

Sprüche" bekannt. Die Selbständigen sind diejenigen, die etwas schaffen, sagte er. Und dennoch gibt es kaum ein Land, das es seinen Selbständigen so schwer macht wie das unsere. Aus heutiger Sicht kann ich ihm nur Recht geben, auch wenn er sich mit seinem Kreuzzug für die Selbstständigen in unserer Familie nicht immer Freunde gemacht hat.

Obwohl Onkel Theo Zeit seines Lebens sein „eigener Herr" war, ist er dennoch immer der kleine Frisör geblieben. Verstehen Sie mich nicht falsch. Ich finde diesen Beruf durchaus ehrenwert und ich bin jedes Mal froh, wenn einer seiner Kollegen mir mal wieder das Haar prima geschnitten hat. Das Business von Onkel Theo ist also, abgesehen von seinen zwei weiblichen Angestellten, immer klein geblieben. Entsprechend bescheiden fiel dann auch seine

Rente aus. Immerhin hatte er sich im Laufe seiner Arbeitsjahre ein hübsches Häuschen zusammengespart, in dem er bis ans Ende seines Lebens lebte.

Dabei gab es durchaus Wachstumspotenzial in seinem „Unternehmen". In jungen Jahren, als er noch etwas ambitionierter war, wie er mir versicherte, hatte er an mehreren Weltmeisterschaften der Frisöre in Paris, dem „Mondial Coiffure Beauté", teilgenommen und dabei etliche Preise gewonnen. Die entsprechenden Urkunden hingen natürlich an einer zentralen Stelle seines Salons.

In Paris an der „Mondial Coiffure Beauté" teilzunehmen und dann auch noch zu gewinnen, das hatte in unserer Stadt vor vierzig Jahren noch wirklich etwas zu bedeuten! Onkel Theo hätte auf Grund dieser Ehrungen durchaus einen etwas höheren Preis für seine Arbeit verlangen können, wovon er im Übrigen nur sehr bedingt Gebrauch gemacht hat. Zwar hat er dann auf Kommissionsbasis etliche Haar- und Schönheitsprodukte an seine Kundinnen verkauft, aber das machte auch damals schon fast jeder Salon.

Anders ausgedrückt, das Geschäft meines Onkels blieb im linearen Universum stecken und konnte nicht wachsen. Nach einem Geschäftsjahr fing er im Grunde wieder an der gleichen Stelle an, wo er vor einem Jahr bereits gestanden war, nämlich hinter dem Frisörstuhl, in dem seine Kunden Platz nahmen.

Er hat sein Lebtag hart gearbeitet. Er hatte Talente und Ideen, aber er hat sie nicht wirklich genutzt, um daraus ein Unternehmen mit einem geometrischen Wachstum zu machen.

Was hätte er tun können, um aus seinen Talenten mehr Münze zu schlagen? Er hätte natürlich einen zweiten Salon aufmachen können. Natürlich hätte das zunächst mehr Arbeit bedeutet, denn abgesehen von der Betreuung des Personals im ersten Salon, hätte er das Personal im zweiten Salon so ausbilden müssen, dass es seinen Anforderungen genügte.

Als ich ihn eines Tages darauf ansprach, schüttelte er nur den Kopf. „Siehst du mich, Junge, mit dem Fahrrad ständig von A nach B fahren, nur um zu kontrollieren, ob die Dauerwelle von Madame X gut sitzt und dass der Lehrling nicht vergessen hat, die Nackenhaare von Herrn Y mit der Haarschneidemaschine zu rasieren? Außerdem kannst du schneller Pleite sein, als du denken kannst, wenn du das versuchst."

Tatsächlich erzählte er mir von dem abschreckenden Beispiel eines Kollegen, der genau das versucht hatte, und gleich fünf (5!) Salons in verschiedenen Städten aufgemacht hatte. Das Ganze war natürlich in einem spektakulären Konkurs geendet, von dem nach Jahren in Onkel Theos Salon immer noch genüsslich die Rede war, als hätten es alle vorher gewusst.

Er hätte natürlich auf die Pariser Wettbewerbe setzen und nur noch die Prominenz bedienen können. Er hatte bei diesen Meisterschaften tatsächlich einige Male die Haare der A-Prominenz zwischen seinen Fingern. An der zentralen Stelle seines Salons hing ein goldumrahmtes Foto, auf dem er gerade der berühmten Mähne von Jean-Paul Belmondo einen neuen Look verpasste. Das Bild hing zwischen den beiden Spiegeln, vor denen die Kunden saßen, damit es auch jeder sehen konnte.

Von seinem Auftritt her hätte er durchaus das Zeug gehabt, Promi-Frisör zu werden. Als ich ihn schließlich eines Tages darauf ansprach, schob er seine eigene Mähne nach hinten genauso wie es Belmondo gemacht hatte, nachdem er in dem Film Borsalino Alain Delon gerade einen in die Fresse gehauen hatte, und sagte: „Soll ich nun wirklich nur noch die Haare dieser reichen Schnösel machen, Junge? Und was soll mit meinen Kunden in meinem Salon geschehen? Soll ich ihnen sagen, sorry, aber ich habe die Preise verdoppeln müssen, weil morgen Brigitte Bardot kommt?"

Es war also klar, dass ihm die Promi-Schiene genauso wenig behagte, wie die Frisörkette. Blieb nur noch die Produktschiene. Onkel Theo verstand wirklich etwas von Haaren. Er hätte durchaus die Möglichkeit gehabt „ein Haarprodukt" unter seinem Namen (hätte auch gepasst) auf den Markt zu bringen. Er hatte die Beziehungen dazu und kannte Leute, die ihm bei der Markteinführung eines solchen Produktes hätten behilflich sein können. Und er kannte genug A- und B-Prominenz, die dem Ganzen einen Glanz hätte geben können.

Er hat es nicht gemacht. Schließlich landeten die üblichen Marken in seinem Salon, die sowieso jeder kennt und nutzt. Mit anderen Worten: mein Onkel Theo wurde zum Leverage, zum Hebel-Effekt eines Anderen, statt selber eine Hebelwirkung in seinem Unternehmen zu starten.

Ich erzähle diese Geschichte ohne Häme und mit großem Respekt für Onkel Theos Lebensleistung. Sie zeigt die

Grundvoraussetzungen, die ein Unternehmer mitbringen sollte. Egal ob er ein lineares Unternehmen oder ein skalierbares Unternehmen gründet. Ob er *an* sein Unternehmen arbeitet (skalierbar) oder *in* seinem Unternehmen arbeitet (nicht-skalierbar). Sie sehen: der kleine Unterschied zwischen *in* und *an* hat es in sich! Onkel Theo hat sein Leben lang *in* seinem Unternehmen gearbeitet.

Beide Formen sind berechtigt und es kann gute Gründe für jede Form geben. Die Grundbedingungen bleiben indes für beide gleich: Fleiß, harte Arbeit, Konsistenz und das permanente Bemühen, ein exzellentes Produkt herzustellen oder einen ausgezeichneten Service anzubieten.

Natürlich war mein Onkel Theo auf seine Art erfolgreich. Er hatte seinen Salon, er hatte seine

Kunden, die ihn schätzten und über Jahrzehnte treu blieben. Er hatte nur das Problem, dass er 45 Jahre lang von morgens bis abends in seinem Salon stehen musste um für seine Kunden da zu sein. Am Ende hat er sich mit seinem Schicksal abgegeben und blieb in seinem Salon bis zu seiner Pensionierung.

Ich erinnere mich aber sehr genau, wie ich eines Tages seinen Salon betrat und ihn in einer völlig niedergeschlagenen Stimmung vorfand, etwas, was ich von ihm bislang gar nicht kannte. Er gab seinen zwei Mitarbeiterinnen einige Anweisungen und nahm mich mit nach oben. Nachdem er einen ordentlichen Schluck zu sich genommen hatte, kam es aus ihm heraus.

Er hatte einige Tage davor Besuch von der Steuerfahndung bekommen, die über Stunden jede Ordner, jeden Zettel umgedreht hatte auf der

Suche nach etwas, was ihn belasten konnte. Man hatte ihn sozusagen komplett ausgezogen und war tatsächlich auch fündig geworden. Er hatte einige Einnahmen seiner Kosmetik-Produkte nicht „korrekt versteuert". Daher wurde ihm ein ordentliches Bußgeld auf die ohnehin enorme Steuer-Nachzahlung, die ihm in diesem Jahr drohte, draufgelegt.

Junge, sagte er mir, um allein diese Steuer-Nachzahlung zu berappen, muss ich drei Jahre lang in meinem Salon stehen. Es ist zum Heulen. Ich verspürte richtig Mitleid mit ihm und mir schauderte bei dem Gedanken, dass eine Gruppe unbekannter Männer die sich „Steuerfahndung" nennt einfach so ins Haus kommen und einem einen Schreck einjagen konnte, dass man sich wochenlang davon nicht mehr erholt. Im Übrigen ereignete sich die Sache mit der Steuerfahndung in einem Jahr, in dem seine geliebte liberale Partei an der Regierung war. Als ich ihn später mal darauf ansprach, drehte er den Kopf und tat als ob er es nicht gehört hätte.

Das eigentliche Problem, das Onkel Theo hatte, war in meinen Augen, dass er kein skalierbares Business aufgebaut hatte, obwohl er durchaus das Zeug dazu gehabt hätte. So fleißig Onkel Theo auch war, so sehr ihn seine Kunden liebten und so hoch die Qualität seiner Arbeit auch war, Onkel Theo musste jeden Tag früh aufstehen, die Tür seines Salons aufschließen, die Comics ordnen, und auf den ersten Kunden warten. Nie durfte er krank werden. Und wenn er mal eine Woche Urlaub machen wollte, musste dies den Kunden lange im Voraus umständlich mitgeteilt werden, damit dieses unglaubliche Ereignis möglich wurde.

Mit anderen Worten, die Existenz des Salons war ausschließlich vom täglichen Einsatz Onkel Theos abhängig. Er war zwar sein eigener Herr, aber er war nicht Herr seiner Zeit. Der Salon kontrollierte seine Zeit.

Solange er als wichtigste Arbeitskraft in seinem Geschäft blieb, solange bestand kaum die Möglichkeit, dass er es ausweiten konnte. Er konnte statt zehn Stunden elf oder gar zwölf Stunden arbeiten, aber viel weiter reichten die Möglichkeiten der Erweiterung nicht. Entweder hätte er mehrere Salons eröffnen müssen, er hätte in die Produktion von Kosmetikprodukten einsteigen müssen, oder er hatte die Promischiene tatsächlich ausnutzen sollen. Keine dieser drei Möglichkeiten hat er Zeit seines Lebens wahrgenommen. Er blieb Kleinselbstständiger, hat schließlich fast 45 Jahre gearbeitet und lebte noch einige Jahre von seiner kargen Rente, die er sich – nach Abzug der Steuern - mühsam zusammengekratzt hatte.

Wenn Ihnen eine solche Existenz gefällt, in der sie 8-10 Stunden täglich schuften, den höchsten Steuersatz zahlen, und darüber hinaus Ihr eigenes Risiko sind, dann bereiten sie sich auf eine ähnliche Existenz wie die von Onkel Theo vor. Die Tätigkeit mag eine andere sein, Sie mögen eine andere Person sein, Ihnen mag Ihre Arbeit sehr viel Spaß machen. Fakt ist, Sie sind nicht Herr Ihrer Zeit. Sie kontrollieren nicht Ihr Business. Ihr Business hat Sie völlig unter Kontrolle und bestimmt über Ihr Einkommen, Ihre Zeit und Ihre Lebensgrundlage.

Ich kann das ruhigen Herzens sagen, weil ich selber lange Zeit zu dieser Art von Kleinselbständigen gehört habe. Ich hatte einige

Fähigkeiten, für die ich bezahlt wurde, solange ich diese Dienstleistungen an Kunden verkaufen konnte. Das war's dann auch. Leider fallen die meisten sogenannten Selbstständigen in diese Kategorie. Sie verfügen eben über kein skalierbares Business. Sie haben eben kein Unternehmen, das auch ohne ihre Anwesenheit weiter funktioniert. Sechzig Stunden pro Woche sind bei diesen Leuten nicht unüblich. Oft müssen sie ganze Wochenenden durcharbeiten, um dringliche Kundenaufträge zu erledigen. Man lebt permanent in einer Art unbewussten Existenzangst, weil man nie davon ausgehen kann, dass im nächsten Monat oder im nächsten Jahr genügend Aufträge vorhanden sein werden, um den Lebensunterhalt zu sichern.

Wenn Ihr Geschäft nur von Ihrer Fähigkeit oder Ihrer Expertise abhängt, kann es Ihnen passieren, dass, wenn Sie älter werden, Sie diese Tätigkeit zwar noch ausüben können, mittlerweile aber jüngere und besser ausgebildete Kollegen (Konkurrenten) auf den Markt gekommen sind, die Sie aus dem Markt drängen. Ich habe diesen Fall mehrfach beobachten können. Plötzlich bekamen auch sehr erfahrene Experten in irgendeinem Gebiet nach und nach weniger Aufträge. Nicht, weil sie nicht gut waren, sondern einfach, weil jüngere Kollegen (mit aktuellerer Software) zu günstigeren Preisen in den Markt gedrängt waren, die ihnen die Aufträge wegschnappten.

Die Existenz eines Kleinunternehmens ist daher die risikoreichste der möglichen Geschäftsgründungen, wenn man von einer solchen überhaupt reden möchte. Sie ist, wie es der bekannte amerikanische Businesscoach

Robert Kiyosaki mal treffend gesagt hat, sogar risikoreicher, als das Angestelltendasein. Als Angestellter genießen Sie immerhin noch eine Art gesetzlich vorgegebenen Schutz, der Sie vor der Willkür Ihres Arbeitgebers schützt.

Dies ist beim Kleinunternehmer ganz und gar nicht der Fall. Oft kann man bei Ihnen eine richtige Selbstausbeutung beobachten, die den einzelnen im Laufe der Jahre völlig aushöhlt. Das war zum Beispiel bei der Bistro-Inhaberin in Marbella der Fall. Das Problem ist, dass viele junge Menschen dieses Problem erst gar nicht erkennen. Sie haben eine Ausbildung genossen, sie verfügen über irgendeine Expertise und beginnen die Tätigkeit auszuüben, weil sie Ihnen Spaß macht, wie sie so gerne sagen. Sie fangen also an, ohne darüber nachzudenken ob ihnen diese „Tätigkeit" nach fünfundzwanzig Jahren immer noch Spaß machen wird. Ihr ganzes Auskommen basiert dann auf dieser einen Fähigkeit oder Expertise.

Sie wissen nicht und können noch nicht verstehen, dass, wenn man älter wird (sprich über 50), die Dinge nicht mehr so einfach sind. Es tauchen andere Prioritäten im Leben auf. Die Vorstellung, dass diese Tätigkeit, die Ihnen jetzt noch so viel Spaß macht, Ihnen möglicherweise im späteren Berufsleben ganz und gar keinen Spaß mehr machen könnte, ist ihnen fern. Diese eine Fähigkeit oder diese Expertise ist dann meist oft das einzige, was Sie gelernt haben, wie es bei meinem Onkel Theo der Fall war. Irgendwann werden sie fünfundfünfzig Jahre alt, sie fühlen sich ein bisschen müde oder haben das Bedürfnis nach einer Auszeit. Aber sie können es sich nicht leisten, ein halbes Jahr oder ein Jahr auszusteigen, weil sie das Geld dazu nicht haben. Sie können es sich einfach nicht leisten, ohne das Risiko einzugehen, dass Ihnen die Kunden davon laufen.

Ich hoffe, Sie sehen ein, dass dies kein erstrebenswerter Zustand ist. Was ich Ihnen hier aber schildere ist leider kein Einzelfall, sondern eher die Regel. Die meisten Selbständigen verfügen nicht über ein Businesssystem, das ihnen unabhängig von ihrer Person Einkommen generiert. Sie verdienen nur dann Geld, wenn sie selbst arbeiten. Anders gesagt, ihr Einkommen hängt zu hundert Prozent von ihrer geleisteten Arbeit ab.

Dabei ist gegen Arbeit nichts zu sagen. Jedes Unternehmen, das aufgebaut werden muss, fordert eine Menge Arbeit. Aber es ist ein großer Unterschied, ob Sie mit Ihrer Arbeit in etwas investieren, das dann unabhängig von Ihnen über Jahre hinweg Früchte trägt, oder ob Sie Ihre geliebte Tätigkeit immer wieder tagtäglich wiederholen müssen, damit Geld hereinkommt.

Solange Ihr Einkommen zum großen Teil von Ihrem eigenen Einsatz abhängig ist, spielen sie ein verdammt kleines und gefährliches Spiel. Ihr Business ist dann nicht skalierbar, weil Sie es über Jahre immer und immer wieder wiederholen müssen. Das ist nicht gemeint, wenn das dritte Axiom fordert: du sollst ein skalierbares Unternehmen aufbauen. Ein echtes Unternehmen ist etwas, das von sich aus skalierbar ist. Das Wachstum sollte im Prinzip keine Grenzen kennen. Wenn sie wie Onkel Theo Inhaber eines Frisörsalons sind und es bleiben, haben sie keinerlei Chance, jemals über diese Grenzen hinaus zu wachsen.

Sind sie aber in der Lage dieses kleine Geschäft eines Frisörsalons zu kopieren und eine ganze

Kette von Frisörsalons zu eröffnen, dann treten sie in ein ganz anderes Universum ein, das ich das geometrische Universum nenne. Denn hier ist das Wachstum prinzipiell unbegrenzt, ergo auch ihr Einkommen. Und es dürfte klar sein, wenn Sie ein solches Business aufbauen, dass dieses auch unabhängig von ihrer Anwesenheit im Unternehmen funktionieren muss. Gehören Ihnen zwanzig Frisörsalons, können Sie unmöglich täglich mit Ihrem Fahrrad zu allen fahren um nach dem Rechten zu sehen, wie Onkel Theo es mir gegenüber formuliert hat. Sie müssen die Fähigkeit besitzen, Frisörmeister oder Frisörmeisterinnen anzustellen und sie so auszubilden, dass sie zu Ihrer Zufriedenheit und zur Zufriedenheit Ihrer Kunden arbeiten können. Und dies unabhängig davon, ob Sie persönlich im Laufe der Woche auch nur einmal eine Ihrer vielen

Salons betreten oder nicht. Sie können einen Monat lang krank werden, Sie können unter Umständen sogar ein halbes Jahr verschwinden und auf Weltreise gehen. Ihr Personal, Ihre Friseure, werden munter weiter Haare schneiden und Dauerwellen legen.

Wenn Sie das einmal verstanden und ein solches System aufgebaut haben, dann haben Sie endlich Ihre Arbeit von Ihrer Zeit abgekoppelt. Erst dann sind Sie frei, und das sollte Ihr Ziel sein. Im Gegensatz zu den meisten Selbstständigen, deren Einsatz unabdingbar ist, <u>machen Sie beim Aufbau eines solchen Systems nur einmal die Arbeit</u>. Wenn das System, das Business, dann einmal steht, sollte es in der Lage sein, von sich aus zu funktionieren, ohne Ihre Anwesenheit.

Ich bin der Letzte, der nicht eingestehen würde, dass auch ein solches Business Führung, also auch

Einsatz, braucht. Keine Frage. Wenn Sie eine Kette von 20 Frisörsalons Ihr Eigen nennen, werden Sie es selbstredend regelmäßig mit Problemen zu tun haben. Seien es Personalprobleme, sei es Finanzierung einer neuen Filiale, oder eine Menge steuerlichen Fragen. All das gibt es, und es ist nicht zu unterschätzen.

Dennoch möchte ich an dieser Stelle einen Punkt explizit betonen: Mit der steigenden Komplexität Ihres Unternehmens bekommen Sie nicht nur ein steigendes Einkommen, sondern auch steigende Probleme. Wenn Sie aber ein problemloses Leben haben wollen, dann werden Sie Angestellter. Suchen Sie sich irgendeinen Job, der leicht zu erledigen ist, genießen Sie Ihre Freizeit, Ihre Wochenenden und Ihre paar Wochen Urlaub im Jahr, und das war's. Ich denke das spricht für sich und es ist nach wie vor für die allermeisten Menschen die beste Wahl.

Für die unruhigeren Naturen unter uns ist die Gründung eines echten skalierbaren Unternehmens die beste Lösung. Wenn Sie mehr an der Backe haben, bedeutet dies in der Regel, dass Sie eben mehr Probleme bekommen werden. Das kann ich Ihnen aus eigener Erfahrung bestätigen. Wenn es Ihnen nicht gefällt, eigenständig Probleme zu lösen, oder kreative Lösungen für Probleme zu finden, die für die meisten Menschen unlösbar scheinen, dann sollten Sie auch nicht Unternehmer werden. Unternehmer sein ist eine Grundeinstellung. Sie betreten einen neuen Pfad. Sie gehen Wege, die bislang noch niemand gegangen ist. Das dort nicht alles glatt verläuft, ist selbstredend.

Deswegen ist es auch besser, dass Sie bei der Gründung möglichst alle Probleme, Schwierigkeiten und den ganzen Kleinkram gleich am Anfang durchmachen, anstatt es irgendwann im Laufe des Lebens erfahren zu müssen. Es ist sogar viel besser, wenn gleich am Anfang die meisten Schwierigkeiten auftauchen. So lernen Sie Ihr Geschäft wirklich kennen. Das Pilotprojekt oder das erste Produkt dient dazu, dass Sie schnell dazulernen. Wenn das erste Produkt einmal geschaffen ist, können Sie Ihr Zweites und Drittes viel schneller auf den Markt bringen.

Das Gleiche gilt für Filialen. Wenn die erste Filiale einmal läuft, ist die zweite und dritte schneller geschaffen. Sie kennen die Fallen schon. Deswegen sollten alle Probleme gleich am Anfang auftauchen. Hier müssen Sie also richtig klotzen. Später wird es immer leichter.

Was ist mit einem skalierbaren Business nun wirklich gemeint? Wenn Sie zum Beispiel vorhaben, einen Pizzaservice in Ihrer Stadt anzubieten, wie viele Personen können Sie mit Ihrem Pizzadienst maximal erreichen? Tausend? Zehntausend? Sie sehen es gibt Grenzen, denn nicht alle zehntausend Einwohner Ihrer Kleinstadt werden täglich bei Ihnen bestellen. Mitnichten.

Können Sie aber einen Pizzaservice aufbauen, bei dem Sie jede einzelne Tätigkeit einem anderen Menschen beibringen können? Sind Sie in der Lage kleine Teams zu bilden (Einkäufer, Pizzabäcker, Putzfrau und zwei, drei Fahrer, die die Pizzas ausliefern), dann können Sie diesen Pizza Lieferservice in jeder anderen Stadt, die Ihnen in den Sinn kommt, beliebig wiederholen. Denn essen müssen alle. Gelingt Ihnen dies, gelingt Ihnen der Sprung vom Kleinunternehmer in das geometrische Universum eines skalierbaren Unternehmens.

Wenn Sie glauben, dass dies heute mit Pizzas nicht mehr möglich ist, dann irren sie sich gewaltig. Sie brauchen nur selber irgendwo eine Pizza zu bestellen oder einfach in einem dieser vielen Pizzabuden in unseren Städten eine Pizza zu essen. Sie glauben gar nicht, wie schlecht diese manchmal schmecken oder wie schlecht der Service ist. Können Sie das besser machen? Können Sie ein Team zusammenstellen, das viel bessere Pizzas anbietet als die Konkurrenz? Können Sie Ihr Personal so schulen, dass Sie eines Tages den Preis des „freundlichsten Pizzaservice des Landes" gewinnen? Dann Gratuliere! Sie haben eine potentielle Business-Idee, die das Potenzial hat, Sie sehr vermögend zu machen. Sie sehen, es muss nicht immer „etwas mit Computern oder Internet" sein.

Ein anderes Beispiel gefällig? Haben Sie jemals von Australischem Eis gehört? Ich hatte es auch nicht, bevor mir jemand die Story erzählte. Ich weiß nicht, wie es Ihnen geht, aber mit Australien bringe ich doch eher Wüste, Kängurus und junge Backpacker in Verbindung. Eis ist nun wohl das letzte, was ich mit Australien assoziiere. Aber als mir die Geschichte vom Australischen Eis erzählt wurde, war ich baff, was sich Unternehmer alles einfallen lassen, um sich von der Konkurrenz zu unterscheiden. Wenn Sie also glauben, mit Eisdielen, die es nun an jeder Straßenecke gibt, ist nun wirklich kein Geld mehr zu verdienen, geschweige denn ein Vermögen, dann hören Sie erstmal zu.

Die Geschichte vom Australischen Eis geht so: 1985 hatte ein belgischer Unternehmer die Idee, Eis nach australischem Rezept in Europa zu verkaufen. Er bekam die Idee auf seiner Hochzeitsreise durch Australien, wo er ebenfalls seine Tante besuchte, die dort lebte. Als er nach Belgien zurückkam, mietete er in dem Badeort Knokke an der belgischen Küste eine Mini-Bude von drei Metern Breite und fing an „frisches Eis nach Australischer Art" zu verkaufen, das er vor den Augen der Kunden selber machte. Dazu hatte er sich eine alte Eisturbine geholt, die noch aus dem Hotel seines Großvaters stammte.

Die Kunden fanden es toll und standen bald vor seinem Eisgeschäft Schlange. Überdies war die Qualität des Eises hochwertig, etwas, was sich immer schnell herumspricht. Als die australische Tante sah, was er tat, war sie so beeindruckt, dass sie ihn zur Bank mitnahm und eines ihrer Sparkonten auf seinen Namen überschrieb. Er bekam fünfzehn Jahre Zeit um den Betrag zurückzuzahlen. Das war der Vertrag und die Idee war geboren: Australisches Eis.

Dank der hohen Qualität und des originellen Service wurde die erste Verkaufsstelle von „Australischem Eis" zum Erfolg. Der Eisunternehmer konnte bald mehrere Filialen an anderen Badeorten an der belgischen Küste eröffnen. Es wurde ein Renner. Der Unternehmer erarbeitete schließlich ein Franchise-Konzept, das unter dem Label "Australian Home Made Ice Cream" lief. Es meldeten sich mehrere selbständige Franchisenehmer, die bereit waren, in anderen Städten des Landes auf die gleiche Weise Australisches Eis zu produzieren und zu verkaufen.

"Australian Home Made Ice Cream" arbeitete zudem mit einer externen Firma zusammen, die die Qualität und die Hygiene in den verschiedenen Filialen überwachte. Das Personal bekam eine spezielle Ausbildung, und die Kette sorgte dafür, dass die Filialen sowohl nach außen als auch nach Innen einen sauberen Eindruck machten.

Nachdem die erste Verkaufsstelle im belgischen Knokke 1989 eröffnet wurde, begann das Unternehmen auch in den Niederlanden zu wachsen. 2001 kaufte schließlich ein Niederländer die internationalen Rechte der Marke. Mittlerweile ist Australian Homemade in Deutschland, Spanien, Ägypten, Bahrein, in der Karibik und in den USA vertreten.

So einfach kann es sein. Oft sind die erfolgreichsten Geschäftsgründungen bei den einfachsten Produkten zu finden. Schauen Sie sich doch ein bisschen in Ihrer eigenen Gegend um. Sie werden feststellen, wie mies der Service oft ist (gerade in Deutschland!). Und wie schlecht manche Produkte manchmal gemacht sind (trotz Made in Germany) Können Sie das besser?

Wenn Sie sich für das Franchise-Modell interessieren, kann ich Ihnen das Buch „The E-myth" von Michael Gerber empfehlen. Gerber ist so etwas wie der Papst des Franchise-Konzeptes. Wer immer so etwas im Sinn hat, sollte sich mit diesem Buch beschäftigen.

Ich habe zunächst bewusst vermieden das Internet zu erwähnen, wenn ich über die Skalierbarkeit eines Unternehmens spreche. Das Internet ist so etwas wie der Turbo der skalierbaren Unternehmen. Die Anzahl der Millionäre weltweit wächst von Jahr zu Jahr rasant, vor allem dank der großen Anzahl der „Internet-

Millionäre." Das Internet scheint mehr Millionäre zu produzieren, als jede andere Form des Unternehmens im Laufe der Geschichte.

Über dieses Thema gibt es ausreichend gute Literatur (um nicht zu sagen im Internet selbst). Und zum Internet komme ich gleich beim nächsten Axiom zu sprechen. Ich erwähne es natürlich auch, weil es für viele Unternehmer eine richtige Herausforderung sein kann, hier sein Glück zu versuchen. Man sollte die Schwierigkeit aber nicht unterschätzen. Außerdem sollten Sie sich natürlich auch die Frage stellen, ob Sie denn nun wirklich vierzehn Stunden täglich vor Ihrem PC verbringen wollen. Vielleicht gefällt Ihnen die Sache mit dem Eis oder mit der Pizza doch besser?

# Axiom 4: Du sollst Produkte verkaufen, keine Dienstleistungen

Ich sage es gerade heraus: Mein Erfolg im Geschäftsleben hat angefangen, als ich aufgehört habe, Dienstleistungen anzubieten, und angefangen habe, Produkte zu verkaufen. Es ist so einfach. Ein Produkt muss man nicht erklären. Es ist eine abgeschlossene Lösung für das Problem des Kunden. Wenn Sie Ihre Hausaufgaben gemacht haben (die Details stimmen) und ein qualitativ hochwertiges Produkt auf den Markt bringen, muss der Kunde Ihnen nicht hinterher telefonieren. Weder muss er sich stundenlang mit Ihrem Service-Chat herumschlagen (vorausgesetzt sie haben einen), noch muss er verzweifelt in der Bedienungsanleitung nach irgendeinem Knopf suchen. Wenn ich von einem fertigen Produkt spreche, meine ich: Sie haben all diese Fragen und Probleme im Voraus bedacht, damit es erst gar nicht so weit kommt.

Wenn Sie ein Produkt verkaufen, verkaufen Sie eine einheitliche Lösung für das Problem des Kunden. Wenn Sie mehrere davon verkaufen, verkaufen Sie identische Versionen an eine unbegrenzte Anzahl von potentiellen Kunden. Im Gegensatz zu Dienstleistungen müssen Sie nicht einem einzelnen Kunden vom Wert Ihres Service überzeugen. Wenn Kunde A nicht kauft, dann kauft eben Kunde B oder C, oder meinetwegen Kunde Y. Es spielt wirklich keine Rolle, wer kauft. Hauptsache Sie haben ein Produkt geschaffen, das massentauglich ist und das am besten Millionen von Menschen brauchen.

Verkaufen Sie zum Beispiel einen Bleistift für einen Euro, dann besteht Ihre Aufgabe darin, eine Million Menschen zu finden, die diesen Bleistift brauchen. Glauben Sie, es gäbe keine Millionen Menschen auf der Erde, die Bleistifte brauchen? Ich sage Ihnen: es gibt Milliarden Menschen, die Bleistifte brauchen. Von diesem Massenmarkt bräuchten Sie also nur einen Bruchteil der Kunden für Ihr Produkt zu gewinnen um Ihre erste Million zu machen.

Bieten Sie aber einen Service, eine Dienstleistung an, die Menschen zeigt, wie sie mit einem Bleistift schöne Zeichnungen machen können, werden Sie jeden einzelnen dieser Kunden über eine längere Zeit unterrichten und betreuen müssen. Zwar werden Sie für Ihre Lehrtätigkeit mehr verlangen können als für den Verkauf eines einzelnen Bleistiftes. Der Aufwand, den Sie aufbringen müssen, um nur einen einzelnen Kunden zu finden, der Ihre Dienstleistung braucht, wird dagegen beachtlich sein.

Sie können natürlich kleine Kurse organisieren, in denen 5-10 Teilnehmer von ihrem Wissen und Können profitieren wollen, die bereit sind 100 oder 200 Euro zu zahlen, um das Zeichnen mit dem Bleistift zu lernen. Das kann sicher Spaß machen, und der Kontakt zu jedem einzelnen ihrer Kunden kann wertvoll sein. Wenn Sie aber eine Million verdienen wollen, würde ich Ihnen eher dazu raten einen neuartigen Bleistift zu designen und zu verkaufen als Zeichenkurse anzubieten. So sehr Ihnen Zeichenkurse ans Herz gewachsen sind, es dürfte sehr schwer werden, damit ihre finanziellen Ziele zu erreichen.

Und hier liegt der entscheidende Gedankenschritt, der für viele Menschen ein Problem darstellt. Verkaufen Sie Bleistifte, lernen Sie Ihre Kunden vermutlich nicht mal kennen. Sie arbeiten quasi anonym. Und das gefällt vielen Menschen nicht. Wenn Sie einen neuartigen Bleistift designen oder entwerfen, um am Markt Hundertausende davon zu verkaufen, könnte es Ihnen geschehen, dass Sie tatsächlich nie einen einzigen Käufer Ihrer Bleistifte zu Gesicht bekommen.

Genau davor haben viele Menschen Angst. Solange sie Zeichenkurse anbieten, haben sie direkten Kontakt zu ihren Kunden. Der Kreislauf erscheint ihnen ganzheitlich. Sie haben das Fachwissen, sie sind höchstpersönlich der Dozent (oder die Dozentin), und die Schüler kommen direkt zu ihnen.

Verkaufen Sie Bleistifte, schaffen Sie einen Kreislauf, der unabhängig von Ihrer Person existiert. Egal, ob Sie arbeiten, schlafen, in Urlaub gehen oder was immer Sie tun: Ihre Bleistifte werden gekauft. Völlig losgelöst von Ihrer Person und deren An- oder Abwesenheit. Das erscheint vielen zu anonym und abschreckend. Aber es ist die Realität beim Verkauf im großen Stil.

Aber seien Sie mal ehrlich. Wenn Sie Ihren geliebten Joghurt aus dem Supermarktregal nehmen und an der Kasse bezahlen, was ist Ihnen dann wichtiger? Dass der Joghurt tatsächlich vorhanden ist und zwar reichlich? Oder dass der Hersteller des Joghurts mit einem lächelnden Gesicht neben dem Kühlregal steht und Ihnen die Hand schüttelt sobald Sie seinen Joghurt kaufen? Ist Ihnen das wichtig? Es wäre vielleicht ganz witzig. Aber stellen Sie sich vor, dies würde Ihnen bei jedem Produkt, das Sie im Supermarkt kaufen, geschehen. Bei jedem einzelnen Produkt würde der Hersteller mit einem breiten Lächeln vor Ihnen stehen und Ihnen freundlicherweise die Hand schütteln, weil Sie sein Produkt gekauft haben. Ich bin mir sicher, dass es Ihnen nach dem zehnten Produkt ziemlich auf die Nerven gehen würde.

Sie sehen: ein Produkt verkaufen ist etwas ganz anderes als eine Dienstleistung anzubieten. Gewiss, viele Menschen sagen: ich möchte mit Menschen arbeiten. Das ist ein natürliches Bedürfnis. Das Problem ist nur, dass Ihre Tätigkeit nur eine eingeschränkte Reichweite haben wird, wenn Sie mit Menschen arbeiten wollen. Eine solche Tätigkeit verstößt gegen das dritte Axiom: <u>Du sollst ein skalierbares Business aufbauen</u>. Und ein skalierbares Business fordert nun mal das

Gesetz der Zahl. Sie können nicht bei jedem Bleistift, den sie verkaufen werden, dabei sein und mit einem freundlichen Lächeln dem Käufer die Hand schütteln.

Vielleicht klingt das in manchen Ohren wie eine Selbstverständlichkeit. Fakt ist aber, dass die meisten Unternehmer gegen dieses Axiom verstoßen. Viele haben sich tatsächlich auf Dienstleistungen spezialisiert, die kaum skalierbar sind. Das sind die Leute, die die Zeichenkurse anbieten (nichts gegen Zeichenkurse). Ich bin mir aber sicher, dass derjenige, der die Utensilien des Zeichenkurses (Stifte, Pinsel, Farbe, Papier) verkauft, derjenige sein wird, der am Ende des Tages eine Million verdient hat, und nicht der Zeichenlehrer.

Dieses Prinzip ist universell. Egal wo sie hinschauen, es wird fast immer leichter sein, Geld zu verdienen, wenn Sie ein Produkt entwickeln und dann auf dem Markt verkaufen, als wenn Sie eine Dienstleistung anbieten. Wenn Sie in der Fußgängerzone Ihrer Kleinstadt einen Schuhladen aufmachen, dann haben Sie kein Produkt. Sie bieten eine Dienstleistung an. Sie mögen sich zwar der Illusion hingeben, Schuhe zu verkaufen. Im Grunde stehen Sie aber jeden Tag stundenlang neben Frauen, die sich Dutzende von Schulen anschauen und sich nicht entscheiden können.

Wenn Sie ein Schuhgeschäft aufmachen sind Sie eine Art Psychologin des weiblichen Schuhticks. Vielleicht verkaufen Sie am Ende Ihrer Beratung tatsächlich ein paar Schuhe. Aber oft werden Sie erleben, dass sich die Dame, die Sie seit einer halben Stunde „betreuen", nicht entscheiden kann. Nachdem Sie ihr zwanzig oder mehr Ihrer schönsten Paare gezeigt haben, hat sie immer noch keinen Kauf getätigt. Ihre Tätigkeit ist demnach schwer beratungsintensiv.

Sind Sie aber in der Lage, einen Schuh zu designen oder zu entwerfen, und können dieses Produkt auf den Markt bringen, dann ist das Potenzial dieses Produktes unbegrenzt. Auch hier bin ich mir ziemlich sicher, dass nicht die Inhaberin des Schuhgeschäfts in der Fußgängerzone reich wird. Ich würde auf den Designer (oder die Designerin) tippen.

Erfahrene Unternehmer verstehen, dass die Skalierbarkeit eines Unternehmens bei Produkten unendlich einfacher ist als bei Dienstleistungen. Wenn Sie einmal ein Produkt geschaffen haben, das sich unendlich kopieren lässt, dann ist dem Potenzial der Verkäufe keine Grenze gesetzt. Bei einer Dienstleistung müssen Sie (und Ihr Personal) immer wieder selber antreten und dem Kunden erklären, worum es geht.

Natürlich wusste ich dies am Anfang meiner Unternehmer-Karriere auch. Zumindest theoretisch. Einige Ratgeber hatten es mir gesagt: verkauf ein Produkt. Ich muss zugeben, dass auch ich lange gebraucht habe, bis ich diese einfache Regel schließlich in die Tat umgesetzt habe. Ich fing immer wieder mit Dienstleistungen an, weil ich in der Vorstellung lebte, dass ich das anbieten sollte, was ich gelernt hatte oder was ich konnte.

In dieser Vorstellung stecken die meisten Menschen. Sie lernen etwas (meist in der Jugendzeit) oder haben eine Ausbildung genossen. Anschließend glauben sie dann, es sei ihre Berufung, dieses Wissen und dieses Können entweder in Form einer Anstellung zu verkaufen oder in Form einer Dienstleistung anzubieten (als Kleinselbständiger).

Sie können es überall beobachten. Jemand hat Jahre in einem Fitnessstudio verbracht und seine Muskeln gestärkt, also eröffnet er ein Fitnessstudio. Jemand hat einen schwarzen Gürtel in Judo, also bietet er Judokurse an. Jemand ist gut mit Kindern, also eröffnet sie eine Kindertagesstätte. All diese gutgemeinten Initiativen verstoßen meist gegen das dritte Axiom (du sollst ein skalierbares Business aufbauen) und fast immer gegen das vierte Axiom (du sollst Produkte verkaufen, keine Dienstleistungen).

So ehrenwert und logisch diese Entscheidungen sein mögen: Sie werden damit vielleicht Ihren Lebensunterhalt verdienen können, aber in aller Regel werden Sie damit nicht reich. Sie werden nicht reich, weil Ihre Dienstleistung meist nicht skalierbar ist und also gegen das dritte Axiom verstößt.

Natürlich ist es möglich, auch mit Dienstleistungen reich zu werden. Aber dann müssen Sie in der Lage sein, den Prototyp dieser Dienstleistung so zu vereinfachen, dass Sie ihn immer wieder anderen Menschen beibringen können. So hat es zumindest der Verkäufer vom Australischen Eis getan. Ihm ist es gelungen, seine Mitarbeiter so zu schulen, dass sie genauso wie er in der Lage waren, das Eis vor den Augen der Kunden sachgerecht herzustellen. In der gleichen Qualität. Sie konnten somit die gleiche Dienstleistung anbieten, wie der Gründer des Unternehmens. In dem Augenblick wurde diese Dienstleistung skalierbar. Mehr als das: In diesem Augenblick wurde diese Dienstleistung zu einem richtigen Produkt. Denn nichts anderes ist es. Ein

Produkt, das beliebig oft wiederholbar und kopierbar ist. Das ist der Weg. Es ist also durchaus möglich, komplexe Vorgänge wie das Herstellen von Eis zu automatisieren.

Es gibt natürlich viel einfachere Wege um zu einem Produkt zu kommen, als das Herstellen als von als Eis. Eine Dienstleistung zu verkaufen führt in der Regel zu der Kleinunternehmer-Falle. Es ist immer das gleiche. Jemand hat irgendein Wissen oder eine Expertise und glaubt dann, dieses Wissen, dieses Können oder diese Expertise in Form einer Dienstleistung am Markt anbieten zu müssen.

Gegen gute Dienstleistungen an sich ist natürlich nichts einzuwenden. Gott sei Dank gibt es viele gute Dienstleister, die alle Arten von Problemen lösen. Ich bin froh, dass es in fast jeder Kleinstadt mehrere Spezialisten gibt, die in der

Lage sind, mein Laptop zu reparieren. Ich bin diesen Menschen schon oft dankbar gewesen, dass sie ein für mich unlösbares technisches Rätsel mit ein paar Klicks gelöst haben. Und wenn jemand Freude daran hat dann soll er das auch machen und auch gut dafür bezahlt werden.

Dennoch gilt auch hier: Wer wird am Ende reich? Der Bursche, der meinen Laptop repariert, oder der Hersteller des Laptops? Die Antwort dürfte hoffentlich klar sein.

# Axiom 5: du sollst global agieren

Wenn mein Erfolg als Unternehmer damit anfing, dass ich endlich Axiom 4 umzusetzen begann, so ermöglichte mir der Verkauf von Produkten noch einen weiteren Schritt, der mich in eine noch ganz andere Dimension führen sollte. Dieser kam, als ich anfing, meine Produkte nicht nur auf dem deutschen Markt, sondern global, weltweit zu verkaufen.

Es ist natürlich und logisch, dass Sie dort anfangen, wo Sie herkommen. Wenn sie Deutscher sind, oder Schweizer wie ich, dann verkaufen Sie Ihr Produkt eben in Deutschland, in der Schweiz oder in Österreich. Sie tun dies, weil Sie diesen Markt am besten kennen (oder glauben zu kennen). Sie verstehen die Sprache, also ist es nur verständlich, dass sie erst zu Hause anfangen.

Dagegen ist nichts einzuwenden und es ist auch jedem zu raten, es erst mal zu Hause zu versuchen. Dennoch will ich auch bei diesem Rat vorsichtig sein. Es ist nämlich nicht gesagt, dass Ihr neues Produkt im Heimatland erfolgreich sein muss. Es könnte durchaus sein, dass Sie etwas herstellen, das der deutsche Markt nicht braucht oder eben nicht haben möchte. Es ist aber durchaus möglich, dass dieses Produkt in einem anderen Land gefragt ist.

In meinem Fall hatte ich Glück. Ich konnte meine Produkte in Deutschland bestens verkaufen. Gerade dieser Erfolg motivierte mich dann dazu, über die Grenze hinaus zu blicken und zu schauen ob dies im Ausland auch möglich sein würde.

Ich ließ Produktbeschreibungen in anderen Sprachen wie Französisch, Spanisch, Italienisch und auch auf Englisch anfertigen und sorgte dafür, dass meine Produkte auch in diesen Ländern erhältlich waren. Zu meinem großen Erstaunen stellte ich fest, dass ich in Italien am besten verkaufte, an manchen Tagen sogar besser als im deutschsprachigen Markt. Wie konnte das sein? Diese Erfahrung wurde dann für mich zu einer Art Schlüsselerlebnis. Solange ich in meinem Heimatmarkt verkaufte (also da, wo ich aufgewachsen bin), steckte ich immer noch in einer Art Komfortzone.

Sobald Sie aber diese Komfortzone verlassen und in die Fremde gehen, wissen Sie nicht was passieren wird. Umso überraschter war ich, als ich feststellte, dass meine Produkte in Italien begehrt waren. Warum gerade Italien? Warum nicht

England oder in Frankreich? Offensichtlich gab es in Italien einen Bedarf. Ich fand heraus, dass es dort keinen Anbieter gab, der zumindest ein ähnliches Produkt anbot. Ich war gleichsam der Einzige, oder der Erste. Hätte ich meine Produkte in Italien nicht angeboten, wäre ich also nie auf die Idee gekommen, dass gerade in Italien das Gold für mich bereit liegen würde.

Ich kam zu der schlichten Einsicht, dass ich noch nicht viel von der Welt verstand. Diese Erfahrung lehrte mich, dass es notwendig ist, immer wieder die eigenen Grenzen zu erweitern. Vor allem die Grenzen des eigenen Denkvermögens.

Eine zweite Überraschung erlebte ich, als ich irgendwann feststellte, dass ein Produkt, das ich in Deutschland gar nicht absetzen konnte, sich dagegen in Indien gut verkaufte. Das habe ich natürlich nur herausgefunden, weil ich diese Produktreihe eben irgendwann auch auf dem indischen Markt angeboten habe. Hätte ich dies nicht getan, weil ich vielleicht der Meinung gewesen wäre, Junge, bleib doch erstmal in Europa, du kannst später immer noch auf andere Kontinente gehen, dann hätte ich diese Erfahrung nicht gemacht.

Und es geht weiter. Das gleiche gilt für viele anderen Märkte und Länder dieser Welt, in denen ich noch nicht vertreten war (die meisten). Ich hatte es zum Beispiel nicht für nötig gefunden, meine Produktbeschreibungen auch auf Portugiesisch übersetzen zu lassen. Aber haben Sie schon mal an Brasilien gedacht? Als ich anfing, auch in Brasilien meine Produkte zu verkaufen, verstand ich irgendwann, dass dem Potenzial meiner Produktreihe keine Grenzen gesetzt waren.

Überall auf der Welt gab es Menschen, die bereit waren, meine Produkte zu kaufen und zu konsumieren.

Es ist also in meinen Augen ein großer Fehler – und dies sicher im Zeitalter des Internets - zu glauben, man müsse erst im Heimatmarkt erfolgreich und voll etabliert sein, bevor man ins Ausland oder gar auf fremden Kontinenten zu verkaufen beginnt.

Diese Vorstellung mag im industriellen Zeitalter (also bis noch vor etwa 15 Jahren) noch richtig gewesen sein. Aber seitdem es das Internet gibt, haben wir tatsächlich zum ersten Mal in der Menschheitsgeschichte einen globalen Markt. Es spielt also wirklich keine einzige Rolle, wo der Kunde sitzt. Er kann in Australien, in Südafrika, in Russland oder in Indonesien sitzen. Sie können Ihre Produkte wirklich weltweit verkaufen, wenn

Sie das Internet für die Distribution einsetzen, und zwar sofort.

Diese Tatsache zeigt, dass Sie ganz anders über Ihr zu schaffendes Unternehmen nachdenken müssen, bevor Sie überhaupt anfangen. Wenn Sie Ihr Business, Ihr Produkt, oder Ihre Produktreihe so designen, dass es zunächst nur für den Heimatmarkt angeboten werden kann, machen Sie heute im Grunde genommen einen großen Fehler. Warum sich beschränken? Wenn Sie wissen, dass Sie dank des Internets ein Produkt von heute auf morgen weltweit vertreiben können, warum sollten Sie es dann nicht tun?

Wollen Sie 10 Millionen Kunden oder 10 Milliarden?

Wie ist es leichter Millionär zu werden? Wenn sie etwas an 10 Millionen Kunden verkaufen oder an 10 Milliarden?

Es ist also von großer Wichtigkeit, dass Sie diese neue Tatsache verstehen. Wir leben wirklich in einer globalen Welt. Auch wenn dieser Spruch heute schon veraltet erscheint, bin ich mir sicher, dass trotz der Existenz des Internets (immerhin jetzt schon über 20 Jahre) die allermeisten Menschen diese Tatsache immer noch nicht wirklich verstanden haben. Bieten Sie Ihre Produkte nicht weltweit an, verstoßen Sie gegen das fünfte Axiom: du sollst global agieren.

Ich bin selbst seit mehr als 15 Jahren Internetunternehmer. Trotzdem hatte ich es bis vor wenigen Jahren auch nicht wirklich verstanden. Ich hatte es nicht für möglich gehalten, dass Kunden in Indien oder Pakistan sich tatsächlich für meine Produkte interessieren könnten. Sie taten es und tun es noch heute.

Wenn Sie das verstanden haben, und in der Lage sind, ein Produkt auf dem globalen Markt anzubieten, dann stehen die Chancen vermögend zu werden heute besser als je zuvor. Das ist eine gewaltige Chance. Wie lange dieses Fenster offen stehen wird, ist schwer zu sagen. Ich weiß nur, dass die Chance heute da ist und dass ich allen Lesern dieses Buches vom Herzen wünsche, dass sie diese Chance ergreifen.

Im Übrigen bin ich – im Gegensatz zu vielen Schwarzsehern, die den globalen Crash erwarten – sehr optimistisch gestimmt für die Zukunft. Ich glaube nicht an den globalen Crash, der die gesamte Weltwirtschaft in den Abgrund reißen wird (diese Idee zu verkaufen ist im Übrigen auch ein Business...). Viel eher glaube ich, dass die Milliarden Menschen, die in den nächsten Jahren online gehen und an das Internet angeschlossen werden, weltweit einen ungesehenen Boom verursachen werden. Und bei diesem globalen Boom möchte ich mit meinem Internet-Business voll dabei sein.

Und wissen Sie was? Wenn Sie Ihre zehn Millionen Bleistifte überall auf der Welt verkauft haben und Sie sich nach fünf Jahren zur Ruhe setzen können, dann können Sie immer noch anfangen, Zeichenkurse oder Malkurse zu geben. Für Kinder oder Erwachsene oder an Rentner, oder veranstalten Sie meinetwegen Kurse in einem Afrikanischen Dorf. Für wen Sie möchten. Machen Sie es dann aber aus reinem Spaß und verlangen Sie kein Geld dafür, denn Sie werden es mit Ihrem globalen Business nicht mehr brauchen.

Wichtig ist, dass Sie erst mal hinausgehen und einige Jahre an der Entwicklung eines hervorragenden Produkts arbeiten und dieses

Produkt dann auf den Weltmärkten vertreiben. Glauben Sie mir, die meisten Millionäre sind auf diese Art Millionäre geworden. Nicht indem sie Zeichenkurse angeboten haben.

# Weitere Bücher von Harry Kaiser

**Du brauchst nur einen Trend!**

Finde den einen Markt, der dich reich macht

Wie wird man eigentlich reich an der Börse? Gibt es einen Weg, an das richtig große Geld heranzukommen, ohne sich täglich mit dem Auf und Ab der Kurse abzumühen?

Laut dem Autor Harry Kaiser brauchen Sie nur einen einzigen guten Trend, um an der Börse ein Vermögen zu verdienen. Einen Einzigen. Diesen Trend finden Sie aber nur dann, wenn Sie sich vom täglichen Börsengeschäft entfernen und eine Langzeit-Perspektive einnehmen.

Die richtig großen Trends an der Börse geschehen nicht über Nacht. Sie brauchen Zeit, um sich zu entwickeln. Eine solche Perspektive setzt nicht auf Börsentipps oder Trading. Ein echter Investor kauft sich in aller Ruhe in einem Markt ein. Dies entspricht dem minimalistischen Lebensstil.

# Inhaltsverzeichnis

# Über den Autor

Harry Kaiser hat mehrere Unternehmen gegründet und ist als Investor aktiv. Er hat Bücher über Entrepreneurship und finanzielle Unabhängigkeit verfasst. Als Perpetual Traveler liebt er es, fremde Länder zu bereisen.

# Impressum

Das Werk einschließlich aller Inhalte ist urheberrechtlich geschützt. Alle Rechte vorbehalten. Nachdruck oder Reproduktion (auch auszugsweise) in irgendeiner Form (Druck, Fotokopie oder anderes Verfahren) sowie die Einspeicherung, Verarbeitung, Vervielfältigung und Verbreitung mit Hilfe elektronischer Systeme jeglicher Art, gesamt oder auszugsweise, ist ohne ausdrückliche schriftliche Genehmigung des Verlages untersagt. Alle Übersetzungsrechte vorbehalten.

Die Benutzung dieses Buches und die Umsetzung der darin enthaltenen Informationen erfolgt ausdrücklich auf eigenes Risiko. Das Werk inklusive aller Inhalte wurde unter größter Sorgfalt erarbeitet. Dennoch können Druckfehler und Falschinformationen nicht vollständig ausgeschlossen werden. Der Autor übernimmt keine Haftung für die Aktualität, Richtigkeit und Vollständigkeit der Inhalte des Buches, ebenso nicht für Druckfehler. Es kann keine juristische Verantwortung sowie Haftung in irgendeiner Form für fehlerhafte Angaben und daraus entstandene Folgen vom Autor übernommen werden. Für die Inhalte von den in diesem Buch abgedruckten Internetseiten sind ausschließlich die Betreiber der jeweiligen Internetseiten verantwortlich.